JN202086

# 最高の
# パートナーに
# 愛される“準備”

自分を整えるだけで、幸せがやってくる!

心理セラピスト／I AND I 代表
和泉ひとみ

青春出版社

# はじめに

はじめまして。心理セラピストの和泉《いずみ》ひとみです。本書を手に取っていただき本当にありがとうございます。

私は名古屋で結婚相談所を運営しています。また、心理セラピストとして13年間開催し続けている心理学講座は、おかげさまで口コミだけで満員御礼となる人気講座へと成長しました。

延《の》べ1000人以上の女性たちへのカウンセリングも行い、「自由で自分らしい幸せ」へと導くお手伝いをさせていただいています。

最も得意とする分野は、恋愛とパートナーシップ。仕事ではもちろんのこと、プライベートでも、いまだ「恋バナ」に花を咲かせています。

「望むすべての人に、最高のパートナーを見つけるお手伝いをしたい」
「パートナーシップを通じて、『本当の自分』を発見してほしい」
「一人でも多くの人に、愛し愛される喜びを体験してほしい」

喜びとワクワクの動機で始めた結婚相談所でした。しかし、まさか婚活をしている人たちが、こんなにも身も心もすり減らしているなんて、恥ずかしながら開業前の私は、全く想像できていなかったのです。私がうまくサポートできなかったこともあり、やっとの思いでスタートさせた婚活を、志半ばで諦めてしまうクライアントさんもいました。

「このままではパートナーを見つける前に、みんなが疲弊《ひへい》してしまう」

「婚活をもっと楽しくワクワクと進めるためには、どうしたらいいのだろう……」

「婚活を通じて、もっと自分を好きになって、さらには運気も上げながら、最高の人生を創造してもらうことができたら……」

そんな想いで試行錯誤を繰り返し、辿《たど》り着いたのが私のところの独自メソッドである「徳積み婚活」です。

徳積み婚活は、婚活をうまく成功させるということではなく、「徳を積む」「人を喜ばせる」ということにフォーカスします。メリットはこのようなことが挙げられます。

- 婚活そのものが楽しくなる
- 自分の才能や魅力に気づく
- 自分を大好きになる

- 自己肯定感が上がる
- 運がどんどんよくなる
- 徳が貯《た》まるとミラクルが起こる
- 最高のパートナーというギフトを受け取れる

他の結婚相談所で3年活動してもうまくいかなかった人が、「徳積み婚活」を始めてわずか半年で成婚！　なんてことも珍しくないんです。

婚活をゲーム感覚で楽しみながら、「自由で自分らしい幸せな結婚」へと導くことに成功しています。

また、最高のパートナーを受け取るためには、「徳を積む」「人を喜ばせる」ということ以前に、整えておくべきことがあるのです。

「自分を整える」方法にも順番があり、そのステップと詳細を本書にまとめました。ぜひ、読みながら一緒に心を癒やして、最高のパートナーに愛される準備をしていきましょう。

読み進めていただく前に、私の幼少期にも、少しだけ触れておきますね。

共感力が高すぎたせいで、生きづらさを抱えながら育ちました。

たとえば、教室でのいじめや、先生の怒鳴り声など、たとえ自分に向けられたものでなくても、怒りや悲しみなどの他人の感情を、自分の感情のように感じてしまう。そんなエンパス（共感力の高い人）の特性が、私自身を苦しめました。

心にストレスを溜めやすく、わずか11歳で十二指腸潰瘍《かいよう》に。10代で10回以上も再発を繰り返します。

検査のたびに、専門家をひどく驚かせるほど、本来ならピチピチなはずの私の十二指腸は、ボコボコに変形してしまっていたのです。


「どうして私は生まれてきたのだろう……」

「幸せって、いったい何なんだろう……」

「この頭の中の声は、どこから聞こえてくるんだろう……」

「神様は、本当にいるの？」

鋭利な刃物でえぐられるような痛みの中、気づけばこんなこともよく考えていました。

学生時代は友達のケンカの仲裁をしたり、先生から逆に相談を受けたり。そんなエピソードは、私らしさを象徴しているのかも。

共感力の高さと、超平和主義であったこと、生きづらさをなんとかしたいという気持ちからも、コミュ力には自然と磨きがかかったのかもしれません。自分で言うのもなんですが、男の子からは、わりとモテました（笑）。

短大を卒業後、大手証券会社に入社したものの、わずか8カ月で会社が倒産するという、なんともカオスでセンセーショナルな社会人1年目。この年に持病が悪化し、二度入院もしました。

外資系証券会社時代の私の顧客は、金融資産1億円以上の富裕層と呼ばれている方々。豊かさを手に入れた幸せな成功者から、直接「成功哲学」を学ぶ機会に恵まれたことは、その後の私の人生を方向づける、とても貴重な体験となりました。


三度の流産と離婚。

「超平和主義。誰も傷つけないように生きてきた、しっかり者で優しいひとちゃん」は、両親と友人たちをとても驚かせました。

再婚相手は、上場企業の創業社長ですって。「人生は、まさかの連続」だなんて言うけれど、本当にその通り。みんなも「人生の3つの坂」には、くれぐれも気をつけて！（笑）

「幸せな家庭を増やすことで、優しい世界をつくる」

今の私は、こんな理念を掲げながら、ご縁ある人が「最高の人生を創造する」お手伝いをさせていただいています。

この本を手に取っていただいたあなたは、「最高のパートナーに愛されたい」と、心から願っていることでしょう。

本書はそんなあなたのために、自分を整えるための6つのステップを惜しみなく書かせていただきました。

読みながら、ぜひ実践してみてくださいね。

今、あなたの目の前で何が起きていたとしても、誰でも、何歳でも、何度でも、「最高のパートナーと出逢い、最高の人生を創造することができる」と、私は心から信じています。

和泉ひとみ

目次



第1章

# 環境を整える

## 手放すステップ

# 第2章 心を整える

## 受け取るステップ

## 第3章

# 自分を喜ばせる

## ワクワクする未来を描くステップ

# 第4章

# 人に喜ばれることをして徳を積む

## 与えるステップ

## 第5章

# トラウマから卒業する

## 癒やしのステップ

# 第6章 自分の人生を楽しむ

## 愛されるステップ

本文デザイン……岡崎理恵
企画協力………ネクストサービス株式会社　松尾昭仁

編集部注：本書にはさまざまな事例が登場しますが、プライバシー保護のため、ご相談者（クライアント）を特定できるような情報については配慮し、編集されておりますことをご了承ください。

# 第1章

# 環境を整える

## 手放すステップ

「最高のパートナーに愛される」ためには、自分を整えていくことが近道です。
そして、自分を整えるには、ステップがあるのです。
最初に取り組むべきことは、
抱えすぎてしまっている不要なものを手放して、環境を整えていくことです。
手放すことで、本当にやりたかったことや、
自分が好きだったものを思い出していくのです。
そして、美しく整った部屋が、セルフイメージ（自己認識）を上げてくれます。
第1章では、不要なものの手放し方や、環境を整えることのメリット、
運の神様に愛される方法や、運の育み方などをお伝えしていきますね。

# 「自分の気持ちが分からない」と言う人は不要なものを抱えすぎている

婚活の相談をさせていただいていると、こんなふうに悩んでいる方がとても多いのです。

「自分の本当の気持ちが分からない」
「本当に結婚したいのか正直、分からない」
「どんな人を選んだらよいのか分からない」

そんな方には、カリスマ占い師のように、すかさずこう尋ねることにしています。

「さてはあなた、部屋が汚いですね？」

うふふ、毎回といっていいほど、ずばり的中します。
「自分の気持ちが分からない」―、そんなふうに悩んでいる人の共通点は、部屋が片づいておらず、不要なものを抱えすぎているということ。

私が開催している心理学の講座では、潜在意識と顕在意識の関係について最初に学びます。

人間の意識を氷山にたとえるなら、顕在意識は水面に出ている4％ほどで、潜在意識は水面下の部分の96％を占めていると言われています。潜在意識には、考え方や価値観、観念などが隠されていて、私たちの人生に大きな影響を与えています。

「世界は心を映し出す鏡である」

そんなふうにも捉えることができ、まさに人間関係にも部屋にも潜在意識の状態があらわれているのです。

逆に言えば、部屋を片づけることが、目に見えない潜在意識を整えることとなり、潜在意識が整うと、人間関係も整っていくということにつながっているのです。

環境を整えるヒント1

## まずは今いる場所から始めてみよう

# 部屋を片づけると、やりたかったことや好きなものを思い出す

私たちの心は、本当は自分が何を望んでいるかをちゃんと知っています。探しているものは、すでに持っているのです。

ただ、不要なものに囲まれたり、他人の価値観に影響を受けたりして、本質を見失ってしまい、自分にとって何が大切なのかが分からなくなってしまっているのです。

セールだからと損得で買ってしまったもの、人にいただいた好みではないもの、もう使わなくなったもの。そんな不要なものをどんどん手放し、心踊るものだけを残していく。自分の好きなものに囲まれて、部屋が整いクリアになっていくことで、心もすっきり整っていきます。

婚活を仕切り直したいと当社を訪れた結子さん（35歳）。

彼女は、大手の結婚相談所で1年半ほど婚活をしていたのですが、なかなかうまくいかず、友人に勧められて私のもとを訪れました。

化粧っ気もなく、控えめな服装。顔を赤らめ、弱々しい声で自信なげに挨拶をされました。緊張しながらも、私の目をしっかり見て、懸命に自己紹介を進めるその姿に、誠実でかわいらしい印象を受けました。

「まずは部屋を片づけましょう」

相談所を訪れた人の大半に、初回カウンセリングでひと通りヒアリングをしたあと、私はこのように促します。

正式に当社の会員になると決めた結子さんには、まず、このように質問しました。

「今の自分の部屋が、どんな状態だったら、楽しく婚活を進められそうですか?」

丁寧に心に向き合い、このように答えてくれました。

「自分の好きなものだけに囲まれて、花も飾りたいです。休みの日には自分のためにコーヒーを入れて、ゆっくりとお料理を作りたいと思える、そんな心の余裕があったらうれしいです」

こんなふうに、先に未来にワクワクすることができたら最高です。

「理想の部屋や理想の過ごし方を100点だとすると、今の状態は何点ですか?」

「クローゼットの8割収納を目指すとすると、何袋分くらい捨てられそうですか?」

「いつ片づけますか?」


そんなことも質問しながら、この9つのポイントもお伝えしました。

1 理想の部屋や理想の過ごし方をイメージし、まず先にワクワクする
2 片づけをする日を決める
3 実家に住んでいる人は、自分の部屋のみ取り組む
4 クローゼットは8割収納を目指す
5 衣類・本類・書類・小物・思い出の品の順にカテゴリーごとに取り組む
6 2年以上着ていない服は考えずに処分する
7 本は残したいもの以外、段ボールに詰めて買取業者へ
8 とにかくまずは先に捨てる、整理整頓は捨てたあとで行う
9 捨て終わったら、残すものの住所を決めて、今後はその場所に必ず戻す

クライアントのみなさんには片づけの実行日に、ゴミ袋の写真を送ってもらいます。
結子さんは6袋。
過去少ない人でも4袋。今までの最高はなんと17袋という方もいました。
また、ゴミ袋の写真とともに「片づけたことによる気づき」も共有してもらいます。
結子さんにはこんな気づきがありました。

●キラキラしたもの、ピンク色、ふわふわした肌触りのものが好き
●暗い色の洋服が多いので、今後は意識して明るい色の洋服を増やしたい
●調味料が好きで、たとえ買わなくてもお店で眺めているだけで幸せを感じる
●その調味料を使って、料理を創作したい
●その作った料理を「おいしい」と言って食べてくれるパートナーがいたら最高
●野菜を育てたい、ずっと家庭菜園をしてみたいと思っていた
●都会よりもちょっと田舎が好き
●いつか庭のある家を建てられたらいいな
●子どもとその庭で遊べたら……

部屋を片づけると、やりたかったことを思い出す。

好きなものをきれいに並べていくことで、ウキウキと心躍り始める。

今まで滞っていた場所に流れができ、空間とともに、心もすっきりクリアになる。

結子さんのように、ずっとやりたかったことや、好きだったことを思い出し、ビジョンを受け取れるようになっていくのです。

環境を整えるヒント2

## 先に未来にワクワクすると、片づけへのモチベーションも上がる

# 部屋を片づけると、セルフイメージも上がる

汚い部屋に住む人は、汚い部屋にふさわしいのだと潜在意識に刻まれていきます。美しく整った部屋に住む人もまた、その部屋にふさわしい自分になっていくのです。

人もものも、すべて波動を放っています。波動とは固有の振動であり、エネルギーとはその波動の波を起こすための力。人、植物、宝石、土地、お金、もの、音楽、思考、感情。ありとあらゆるものが振動しています。

優しい人といると共鳴が起きて、優しくて温かい気持ちになるし、美しい音楽を聴くと自分の内側の愛に触れて涙があふれる。怒っていたり、不平不満ばかりを言っている人の近くにいると、同じように心が尖《とが》って、居心地が悪くて逃げ出したくなりますよね。

部屋を片づけて、心がワクワクするものだけ残す。ワクワクするということは、自分の心の心地よい部分と共鳴が起きているということなのです。

たとえば、親友が誕生日にくれた透明なガラスの鳥の置物が引き出しの奥から出てきた

とする。ピカピカにして、そっと棚の上に並べてみる。

「あ〜やっぱりかわいい♡　見ているだけで幸せ」

「思い出してくれてありがとう♡　私こそ、うれしい」

鳥の置物もしゃべり出す。そんな、イメージ。(笑)

いつも幸せを願ってくれている友達の願いも、ガラスの置物に込められた職人さんの想いも、愛のエネルギーとなって、空間を整えてくれる。

気の流れが変わると当然、自分にも変化が起こる。美しく整った部屋が、セルフイメージを簡単に上げてくれるのです。


「片づいていない部屋でも落ち着くし、仕事も人間関係も、すごくうまくいってます」

そういう人は私の友人の中にもいて、とても明るくて朗らかで幸せそうです。

ただ、その一方で、私の心はこんな疑問でウズいています。

「こんなに部屋が汚くても、人生がこんなにもうまくいっているのなら、部屋を美しく整えたら、この人はいったいどうなっちゃうのだろう……」

環境を整えるヒント3

## 人生は壮大な実験室。なんでも気楽にトライしてみよう

# 不要なものと一緒に「過去への執着」と「未来への不安」も手放す

片づけをするからといって、なんでもかんでも捨てればよいということではもちろんありません。

悲しいときも辛いときも、いつも一緒にいてくれた洋服やものたちです。

「今まで本当にありがとう」
「あなたのおかげで、ここまで頑張ってこられたよ」

そんなふうに感謝の言葉を口にしながら、丁寧に手放していきましょう。ものを捨てたからといって、過去の思い出までが消えてしまうわけじゃありません。

昔の彼氏からもらったプレゼント、友達が買ってきてくれたお土産《みやげ》、お母さんがお祝いにくれたもの。要らないというよりは、どれもこれも想いのこもったありがたいものなのかもしれませんね。

優しい人ほど、ものを抱えてしまう傾向にありますが、そういう人は、「捨てる」というよりも「卒業」するという感覚で手放していくことをオススメしています。


「いつか着るかもしれない」

「いつかまた、使うかもしれない」

こんな想いもまた、手放すことへの大きなブレーキになるものです。

時に「捨てないでとっておいてよかった」と、ホッとすることもありますが、振り返ってみても、過去2年使っていないものは、今後も使わない可能性がとても高いですよね。

いつくるか分からない「いつか」のために大切な空間を使うのではなく、「今」をきちんと大切にする。

心の中は覗《のぞ》き見ることはできませんが、部屋の状態は目に見えて分かる。だからこそ、片づけを通じて「過去への執着」や「未来への不安」にも気がつくことができるのです。

知らず知らずのうちに心に溜まってしまったさまざまな感情や不安や怖《おそ》れなども、ものと一緒に手放していきましょう。

環境を整えるヒント4

## お世話になったものへの貢献を称え、感謝で卒業しよう

## 感謝の心で手放し、すでにあるものをまず大切にする

そうはいっても、いちいち感傷に浸っていると作業は進まないですからね。そこは粛々《しゅくしゅく》と、手は動かしつつ、しっかりと作業は進めていきましょう。

そして、これからも残していく洋服やものに対しては、

「今まで忘れていてごめんね」

「改めましてよろしくね」

そんなふうにして、改めて大切にすると心に決めてくださいね。

買うだけ買って、まだ使っていないもの、袋や箱に入ったままのものは、すべて取り出して、すぐに使える状態にしてみてください。そうすることだけでも、エネルギーが巡りはじめて、部屋と同時に心の状態も整っていきますよ。

また、手放すことで空間ができたからといって、すぐに新しいものを買い足すことはやめましょう。

ものを大切に扱うということは、自分を大切に扱うということ。

自分と周りの境界線など、本当はないのです。

だからこそ、忘れていたものを、改めてもう一度大切にしていくこと。今、目の前にいてくれる人をきちんと大切にすること。そうしていくことが、本当の意味で自分を満たしていくことへの近道なのです。

環境を整えるヒント5

## 家の中の8割のものが、月1回も触れてもらえない

## 環境と脳と運は互いにつながっている

私の趣味は「運気アップ」、特技は「運のマネージメント」です。経営戦略コンサルタント・「運」の専門家の松永修岳先生に、ラックマネージメント®を学び、風水鑑定士の資格も取得しています。これにより、婚活中だけじゃなく結婚後のクライアントさんの新居のご相談も受け、とても喜んでいただいています。

風水とは占いや迷信などではなく、中国から伝わった運をよくするための環境科学のことです。

古来、中国では「目には見えない、情報を持ったエネルギー」を氣《き》と呼びました。環境が発している情報（＝氣）が五感を通じて脳や心に影響を及ぼしているのです。

環境と脳と運との密接な関係を、風水は何千年も前から研究し、環境を通じて運を管理する技術を発達させてきたのです。

心理学の観点からも、潜在意識の状態が部屋にも人間関係にもあらわれていると書かせていただきましたが、まさに、古来、中国から伝わってきた風水から見ても、環境が発している情報（エネルギー）が、体と脳と心に影響を及ぼしているのです。

心身ともに、ゆったりとくつろげる空間が、運を大きく育てていくのです。

私が風水に興味を持ち始めたのは、外資系の証券会社に勤めていたときのことです。お客様は金融資産1億円以上の富裕層の方々で、大きな会社の社長さんや、病院を経営しているお医者様、地元の名士や、誰もが知っているような著名な方など、成功されている方がほとんどでした。

もちろん、どの方のお宅も個性的で十人十色なのですが、エネルギーが高くクリアで魅力あふれる方が住む家には興味深い共通点がありました。

- 玄関が美しく整えられている
- 靴がすべて靴箱に収納されている
- 玄関を開けるとアロマのよい香りがする
- リビングが洗練されていて観葉植物が置いてある
- 絵画やソファーなどお気に入りの高価なものがある

●ゴミ箱が見えない
●トイレも清潔で花が飾ってある
●見晴らしと日当たりがよく、風通しもよい

そして、お客様の一人、リアルな福の神のような社長さんの言葉が、私が進む道を方向づけてくれました。

「玄関とトイレは若い頃から毎日、自分で掃除をしていて、奥さんに任せず、今も毎日続けているんだよ。『運も実力のうち』だなんて言うけどね、僕がこうやってうまくいっているのは、結局運がよかっただけなんだ。君も運を育てて貯めていくといいよ。大丈夫、とても簡単なんだ。運の神様に愛される生き方をすればいいんだよ」

そう言って、優しくほほ笑む姿が今も私の心に残っています。

環境を整えるヒント6

## まずは玄関を整えると、運を招き入れることができる

# いつでもパートナーを部屋に呼べる状態にすることで引き寄せが起こる

私は幼い頃からずっと自分に自信が持てず、人の顔色を窺《うかが》っては嫌われやしないかと、いつもビクビクしているようなタイプでした。だからだと思うのですが、当たる占い師がいると聞けば、全国どこへでも飛んで行きました。「あなたは素晴らしい！」。誰かにそう言ってもらいたかったのです。

その後、心理学や自己啓発系のセミナーを貪るように受講していた時期があります。今までに支払ったトータルの金額を誰かに話したことはありませんが、それは相当な額になります。

自己投資と言えばかっこいいですが、私の場合は自己肯定感の低さがその金額分だったのだと自覚しています。ただ、時間とお金はかかりましたが、そのおかげで「よく頑張ったね」と自分を褒めてあげられるようになりましたし、こうして本を書かせていただけるようになったのですけどね。

もうこれも10年以上前になりますが、ある「引き寄せの法則」をテーマにしたセミナーを受講したときのことです。

「パートナーがいない人は、部屋を片づければすぐにパートナーを引き寄せることができる。潜在意識下で『誰にもこの汚い部屋を見られたくない！』と思っているから、パートナーを引き寄せるどころか、遠ざけてしまっている」

その話を聞きながら、当時の私は妙に納得して、私が提唱している「勝負パンツ理論」と一緒だな、と腑《ふ》に落ちたわけです。

人間の意識を氷山にたとえて、顕在意識は水面に出ている4％ほどで、潜在意識は水面下の部分の96％を占めていると書かせていただきましたよね。

潜在意識には、考え方や価値観、観念などが隠されていて、私たちの人生に大きな影響を与えています。そして、海の部分は集合的無意識と呼ばれていて、私たちの意識は、この海の部分で他の意識体（氷山）ともつながっているのです。

だから、潜在意識同士はたとえ相手がどこにいたとしても、リアルタイムでその相手とコミュニケーションをとることが可能なのです。

たとえば、次のような事例で、似たようなことは思い当たりませんか？

● 友人のことを考えていたら、その友人から連絡が来る
● 読みたいと思っていた本をプレゼントされる
● いつか会いたいと思っていた人を、翌日紹介される

このようなことはシンクロニシティ（意味ある偶然の一致）と呼ばれていますが、私たちが集合的無意識でつながっていることを考えると、偶然だと思っていたことが偶然ではないことに納得がいくものです。

つまり、頭（顕在意識）でいくら「運命の人と出逢いたい」と思っていたとしても、潜在意識で、

「この部屋（パンツ）は誰にも見られたくない」

と思っていれば、その情報が周りに伝わってしまうということなのです。

要は「誰とも深い関係になりたくない」「パートナーはいらない」という情報を、自分からエネルギーいっぱいに発振し、そのような現実を引き寄せているのです。

まだ心理学を学んだことがなくて知識がなかった頃から、私はこれを「勝負パンツ理論」と名づけて、仲のいい友人たちに毎日勝負パンツを履くようにと促していたのです。

そのおせっかいもあってか、当時の友人たちは、今では深めのパンツを穿《は》いて、立派な肝っ玉母ちゃんになっていています（笑）。

部屋を片づけること。ステキなランジェリーを身につけること。心身ともに美しくあること。さまざまな角度から、パートナーを迎える準備をしておけるといいですね。

環境を整えるヒント７

## 卵が先か？　パンツが先か？

# 「やることリスト」よりも、「やめることリスト」を作成する

婚活のみならず、私たちは何かを始めようとするときには、「何からすべきか？」ということを考えがちですよね。

でも、私は「やること」よりも「やめること」のほうが、ずっと大切だと考えています。

部屋の片づけのポイントととてもよく似ているのですが、私たちの心は、自分が何を望んでいるかを本当は知っています。だから、頭で考えすぎるのではなく、魂をナビゲーターとして、心がワクワクするほうへただ進んでいけばよいのです。

でも、多くの人は、やりたくないことや、やるべきこと、どちらでもよいことに時間を使いすぎている。心の中にも不要なものを抱えすぎて、パンパンで容量オーバーなのです。整理しきれずに本質を見失い、感度が落ち、進むべき方向が分からなくなってしまっているように感じます。

だから、本当はやりたくないこと、やるべきだと思い込んでいること、どちらでもよい

ことを「やめることリスト」として書き出してみてください。

- 意味もなく、つけっぱなしにしているテレビ
- SNSやYouTubeをダラダラと見続けること
- お付き合いで参加している飲み会やイベント
- なんとなくやってしまっている不毛な残業
- ほとんど行けていないスポーツジム
- 友達に勧められたサプリメント
- コンビニ弁当
- 忙しい日の自炊
- とくに必要のないものへの無駄遣い
- 人と比較すること

やめることリストを書き出していくことで、いかに自分がどちらでもよいことにお金と時間を使いすぎていたかが見えてきます。

そして、書き出していくことで心が整理されてきて、「本当にやりたいこと」を思い出

していくのです。

部屋の整理と心の整理、同時にやっていけると効果抜群です。

部屋と心を整え、自分の好きなものだけに囲まれてみる。そうすることで、自分が本当にやりたかったことを、徐々に自分にさせてあげられるようになっていく。

たとえば、急に仕事をやめたりしなくても、自分を幸せにしてあげることは十分に可能なのです。

環境を整えるヒント8

## どちらでもよいことに、多くの時間や場所を使っていませんか

## 妬み・嫉み・批判・悪口・陰口などをやめるだけで、人生が劇的に変化する

やめることとして最もオススメなことは、妬《ねた》み・嫉《そね》み・僻《ひが》み・批判・悪口・陰口などのネガティブな言葉です。

婚活をスタートしたいと訪れた貴史さん（33歳）。貴史さんは眼鏡をかけていてスーツの似合う知的な印象。そう、口を開くまでは（笑）。

清らかさと優しさを売りにしている私を、面談早々にウンザリさせた強者《つわもの》でした。

貴史さんは、自分が今までどれほど理不尽な目にあったか、どれほど恵まれていないか、上司にされたひどいこと、元カノの至らなさなど、妬み・嫉み・批判・悪口を猛スピードで連続射撃。その速さに、もはやよけるすべなどなく、白目を剥《む》いて倒れる寸前の私に、自身の言いすぎに気づいたかと思えば……、

「体調、悪いっすか？」

「おーん」

こんな相槌《あいづち》、人生初めて。

あんなにも人の顔色ばかり見て、どこまでも人に嫌われたくなかった私に、「嫌われてもいい。いや、嫌ってほしい。いや、むしろ、嫌え、こんちくしょう」と思わせるなんて。

通常なら、なるべく根気よく話を聴き、

「『〇〇のせいで』を、『〇〇のおかげで』に変換するワークをやってみましょう」


そんなふうに優しく提案してみたりなんかして、和《なご》やかに進めていくところですが。ネガティブ爆弾の威力はすさまじく、一刻も早くこの場を立ち去りたい。

それでも、こうしてご縁があって私の前に現れてくれた人。ただの批判や否定にはならないように、「あなたのこの部分は素晴らしい」ということをしっかりと織り交ぜつつ、感じたことをただ正直に、私も早口で懇々とお伝えました。

「騙《だま》されたと思ってとにかく1カ月だけ、愚痴や不平不満、ネガティブな発言を一切やめてみて。それだけで人生が激変するからね」

別れるときには、すっきりとした笑顔で握手を求めてくれた貴史さん。また、私、空気清浄機みたいな役割を果たしたのだろうか。とにかく、へとへと。温かいお風呂に入りたい……。

3週間ほどして、電話が鳴りました。

「あっ、和泉さんっすか？　不平不満をやめたらマジ彼女ができたっす。あざーーす。ぜひ紹介したいっす」

「おーん」

忙しいから改めてかけ直すね。そう言ってかけ直さなかったのも、初めてのこと。でも、「素直さ」は間違いなく、あなたの長所だったね。おめでとう、貴史さん。どうぞ末永くお幸せにね。

貴史さんと同じように、不平不満がやや多いかもと気がついた方は、騙されたと思ってほんの1カ月だけ、不平不満、泣き言や悪口などのネガティブ発言をやめてみてください。やめるだけで流れが変わって、人生までもが大きく変容し始めますよ。

逆に、友達に愚痴や泣き言を聞いてもらうのも憚《はばか》られると、不平不満を溜め込んでしまっている優しい人。そんな方は、プロのカウンセラーの力を借りて、心の中に溜め込んだ不要なものを手放してみましょう。

「自分を大切にする」

こんな当たり前のことが、優しい人にしたら、一番難しかったりするものです。
自分の話だけをただひたすら聞いてもらうこと。自分の心とゆっくり向き合ってみること。心を癒やすということに意識を向けること。そんなことから始めてみるのも、とてもオススメです。

環境を整えるヒント9

## 心の中に溜め込んだままの不要なものも手放そう

# 人間関係もSNSも見直して洗練させていく

クライアントさんのスマホを時々見せていただくと、LINEやメールの未読数が驚くような数字だったり、SNSの通知音が頻繁に鳴ったりと、整理されていない状態が見受けられます。

過多な情報で雑然としすぎたままでは、いったいどれが大切な情報なのか見分けがつかないし、チャンスを見過ごしてしまうのも当然のことです。

『古いものにしがみつくことをやめれば、新しいものが入ってくる』

ディーパック・チョプラ博士の言葉です。

新しいパートナーシップを受け取りたいなら、スマホ内やSNSと同時に、リアルな人間関係も洗練させていくことをオススメしています。

●ＬＩＮＥや連絡先を整理する
●使っていないアプリの削除
●読まないメルマガの登録解除
●自動更新されているサブスクの見直し
●不必要な写真の整理
●必要のない通知設定をオフにする

スマホ内もＰＣ内も人間関係も、部屋や心と一緒に磨き上げ、洗練させていきましょう。

環境を整えるヒント10

## 何かを手放すと、次はもっといいものがやってくる

# 潜在意識は変化を嫌うので、揺り戻しに注意する

婚活だけじゃなく、何かしようと思うと、心理的なブレーキがかかって動けなくなってしまうことってありますよね。これはホメオスタシスといって、恒常性を保とうとする働きが関係しています。

生物学的なホメオスタシスは、自律神経、内分泌、免疫などのシステムがあって、ストレスや病気などの変化から体を守ってくれています。

たとえば、私たちの体温は、外気が冷たくても灼熱《しゃくねつ》の日差しを浴びても、一定に保たれていますよね。風邪をひいたりケガをしたりしても、時間が経《た》てばまた健康な状態に戻る。ホメオスタシスが維持されているおかげで、私たちの体は安全に守られているのです。

そして、心理的なホメオスタシスも「恒常性」、つまり、「現状を維持したい」という心理につながっています。

「痩せるためにトレーニングしよう」
「キャリアアップするために転職をしたい」
「パートナーを見つけるために頑張ろう」

ライフスタイルや環境や行動を変えようと躍起になっても、心理的ホメオスタシスが足かせになってしまうことがあるのです。

抜け道は、コンフォートゾーン（心理的な安全領域）を広げていくこと。

婚活においては、まずは自分の現在地を知り、自分自身をよく理解すること。自分の魅力を受け取り直し、自分との信頼関係を築いていくこと。そして、理想を明確にし、心と空間を整え、最高のビジョンを描くこと。たとえ傷ついたとしても大丈夫なのだと、本当にやりたいことを自分自身に体験させてあげること。そんなことが挙げられます。

環境を整えるヒント11

## 傷つくことすらも楽しめるなら、怖いものは何もない

# 第2章

# 心を整える

## 受け取るステップ

「最高のパートナーに愛される」ためには心を整えていくことも大切です。

心を整えていくためには、幼い頃からの両親や兄弟との関係性を見つめて、まずは自分がしてほしかったことを思い出していくことも重要です。

ニーズを認め、成熟した態度で自分自身と向き合うことで、自分の魅力や才能を受け取れるようになっていくからです。

第2章では、自分の心との向き合い方や、傷ついた心の癒やし方、人からの褒め言葉を受け取る方法などを、さまざまな角度からお伝えしていきますね。

# 自分に厳しすぎると気づく

「自分のこと、好きですか？」

婚活相談にいらっしゃった方に、このように質問してみても、笑顔で「はい」「もちろんです」だなんて、即答される方はほとんどいません。程度の差こそあれ、ほとんどの方が今の自分に自信を持てずにいるように感じます。

「周りの友達は、家庭を持って子育てもしているのに、自分にはできていない」
「いまだに結婚すらできていない自分はやっぱりダメだ」
「結婚していないのだから、せめて他のことくらいは頑張らないと……」

なにげない会話や言葉の行間からも、こんなことが汲《く》み取れることがあります。

無自覚にいつも自分を責めていたり、頑張っても報われない感じがしたり、反省やダメ出しを繰り返しては落ち込む。負のスパイラルからなかなか抜けられない。

そうです。自分に厳しすぎるのです。

相談に訪れた知美さん（32歳）も、人には優しく寛容であろうと努めながらも、自分の行動を看守のごとくいつも見張っては厳しく律しているようなタイプでした。

友達の子どもが生まれたことを心の底から祝福ができなかったと、そんなエピソードを悲しそうに話してくれたので、

「優しいですね」

このような相槌で返すと、

「優しくなんてありません！」

うふふ。優しい人ほど、優しいと褒めると怒る。これ、優しい人あるあるです。

でもね、優しくない人が「友達の幸せを喜べない」と嘆くでしょうか。心が美しくない人が「自分の心は汚れている」だなんて憂えるでしょうか。

心を整えるヒント1

## 優しいと褒められると、怒っていませんか？

# 家族との関係性を見つめてみる

素晴らしい魅力や価値があるのに、受け取れていない人はとても多いように感じます。こうしていつも周りの人から褒められたり、評価されているにもかかわらず「今の自分に満足したらダメだ」と自分を奮い立たせて必死に頑張っている。そう、あなたもその一人かもしれませんね。

せっかく褒めてくれているのに、素直に受け取れないのはなぜでしょう。

どうして即座に打ち返してしまうのでしょう。知美さんには、幼少期について話してもらうことで、原因が見えてきました。

「母は、とても厳しい人で、私がテストで95点をとっても褒めてくれませんでした。兄は勉強もできて、生徒会の役員もやっていて、そんな兄といつも比較されてばかりいたので、自分には何のとりえもないと思っていました。父はどちらかというと仕事中心の人で、子どもには無関心だったように感じていました。髪も薄くて背も低かったので、友達に会わせるのが恥ずかしいと感じていたのです」

両親や兄弟との関わり方や、感じていたこと、幼少期の体験が、自分の観念や価値観、考え方に大きく影響を与えています。

とくに傷ついた経験は、強い観念や思い込みとなって、知らず知らずのうちに、私たちの人生を支配していくようになります。

――お母さんの期待に応えようと頑張ったのですね。テストを見せたとき、本当はなんて言ってほしかったのですか？

「よく頑張ったねって、そう言ってほしかったです。お兄ちゃんと比べないでほしかった」

言葉にすると涙があふれます。

口に出して「言える」と、心が「癒《い》える」のです。

心を整えるヒント2

## あなたが両親からかけてほしかった言葉は何ですか？

# 自分がしてほしかったことを思い出す

知美さんのように、「本当はどうしてほしかったのか」と、自分の欲求に、まずは自分が気づいてあげることがとても大切です。

- 褒めてほしかった
- 認めてほしかった
- 注目してほしかった
- 抱きしめてほしかった
- 遊んでほしかった
- 分かってほしかった
- 愛してほしかった
- 大切にされたかった
- 感謝してほしかった

●自由を与えてほしかった

このようなニーズは、誰しもが抱えています。

生まれてから思春期を過ぎる頃までの母親との関係はとても重要で、そこで満たされなかったニーズを、大人になった私たちは、パートナー（上司・友人・社会）に強く求めてしまうのです。

「あなただけは、愛してほしかった！」

「あなただけには、分かってほしかった！」

「あなただけは……」

思い当たりませんか？　知美さんもやはり例外ではなく、過去の恋愛はこのような感じだったと話してくれました。

●褒められると、すぐにその気になる

●好きになってくれる人を、すぐに好きになる

●ダメ男にハマってボロボロになってしまった時期があった
●重すぎると言って、フラれたこともある

たとえば、重すぎるという場合、それだけ満たされてこなかったニーズが蓄積されてしまっていることが考えられます。

ニーズは、自分以外の他の誰かに満たしてもらいたいのです。だから、ニーズを満たしてくれそうな相手が現れると、犠牲的になったり、我慢してしまったり、たとえ自分をひどく傷つけるような相手だったとしても、追いすがってしまうこともあるわけです。

知美さんはそうではありませんでしたが、寂しさや、愛情への渇望感から、自分を求めてくれる人に対して、すぐに体を許してしまう人もいます。

残念ながら、そのような関係で「愛されたい」などといったニーズが満たされることはなく、不毛な関係を重ねるほどに、より一層ニーズを募らせてしまうことになるのです。

心を整えるヒント3

## あなたのニーズは何ですか？

## 自分のニーズを認め、成熟した態度で向き合う

傷つきながら学び大人になり、たとえ恋愛がうまくなったとしても、ニーズはなくなったわけではありません。

ともすれば、自分を正当化して、あたかも相手が悪いように仕向けて、自分のニーズを巧妙に満たそうとすらしてしまう。「自由でいたい彼」と「愛されたい彼女」のせめぎ合い。問題も起こるわけですよね。

ここで大切なことは、ニーズの性質について理解しておくこと。そして、自分にもニーズはあるのだということをまずは認めること。さらには、パートナーの問題だと思われる行動の向こう側にもまた、相手のニーズが隠れているのではないかと察することができるようになること。

たとえ相手が自分の思い通りにならなかったり、自分のニーズを満たしてくれなかったとしても、すぐに怒ったり拗《す》ねたりしたりせずに、ひと呼吸おいてみる。

「愛してほしい」
「大切に扱ってほしい」
「私だけを見てほしい」

今まで当たり前にパートナーにぶつけていた要求は、幼少期に両親との関係性の中で満たされなかったニーズなのかもしれないな、と成熟した態度で自分と向き合ってみることができるといいですね。

だって、奪おうとしながら、「受け取る」ことなどできないのですから。

心を整えるヒント4

## 小さい頃の傷ついた体験には、どんなものがありますか？

# 自分の価値を受け取る

赤ちゃんの頃は何もできなくても、その存在そのもので愛されていましたよね。

でも成長するに従って、しつけが始まる。おもらししたら叱られて、トイレに行けたら褒められる。ケンカしたら叱られて、仲よくしたら褒められる。列からはみ出したら叱られて、1位をとったら褒められる。そんなことの繰り返しです。

お母さんも、お父さんも、先生も、周りの大人たちも、別に私たちを苦しめようと意地悪したわけじゃない。理不尽に怒りをぶつけられたこともないわけじゃないけど、その多くは教えようとしてくれていただけなのかもしれませんね。当たり前だけど、大人だって完璧じゃない。年齢と心の成熟度は比例していないのですから。

与えられてきたものが悪意だったら大問題ではあるものの、それなら分かりやすさだけはあるのだけれど。愛という名のもとに掲げられた正義や、コントロールや押しつけは、柔らかかった私たちの心をいびつに歪《ゆが》めてしまったのです。

あなたが今までずっと誰かの役に立とうと、誰かを喜ばせようと、誰かを助けようと、誰かに与えようと、必死で頑張ってきたのは、自信がなかったからかもしれません。

誰かに求められることで、誰かに褒められることで、誰かの役に立つことで、自分の価値を少しでも認められるような気がしていたから。

「あなたがいてくれてよかった」
「あなたに出逢えてよかった」

そう言われたかったのは、つながりがほしかったから。居場所がほしかったから。安心したかったから。

「与えるふりをして、奪う」

厳しい言い方ではあるけれど、やっぱり、そういうことなのかもしれないですね。だからこそ、こんなことがとても大切になってくる。

「自分で自分を認めていく」
「自分の魅力を思い出す」
「ありのままの自分の価値を受け取る」

自分が与えてきたものの素晴らしさを受容できると、周りの人たちとのつながりを感じられるようになる。つながりを感じられると安心感が生まれます。

喪失感や怖れから行動をしてもうまくいかないのは当たり前で、パートナーを見つけることも、夢を追いかけることも、何かを目指すことも、基本はすべて同じこと。

だから、すべての行動の動機を「怖れ」から「愛」に変えていけるといいですよね。

誰かや、何かや、素晴らしい出来事が、私たちを幸せにしてくれるわけじゃない。自分を幸せにできるのは、やっぱり自分だけだからです。

心を整えるヒント5

## あなたの価値は何ですか？

## 小さい頃の自分を癒やすと才能が目覚めはじめる

心理学の講座や恋愛カウンセリングでは、インナーチャイルドについても扱っていきます。

「心の中にいる傷ついたままの小さな女の子（男の子）」をイメージすると分かりやすいかもしれませんね。幼少期の自分のシンボルであり、同時に今の自分の感情のシンボルであるとも言えます。

この心の中に置き去りにされたままの幼い自分が、今の自分に大きな影響を与えています。

幼い頃に蓋《ふた》をしてしまった感情を解放していくことは、負のスパイラルから抜け出すきっかけを与えてくれるのです。

閉じ込められた感情の下には、持って生まれてきたギフトが隠されています。

感情を解放することで心の奥から自分の魅力や才能があふれだし、魅力を受け取っていけるようになっていくのです。

ここでよくオススメしている簡単なイメージワークをご紹介しますね。

たとえばゆったりとした湯船の中や、ふかふかのお布団《ふとん》の中などで、そっと静かに瞼《まぶた》を閉じて、幼少期の傷ついた体験を思い出してみましょう。

心の中の小さな女の子（男の子）に、そのときの出来事や感じていることを話してもらうのです。

「どうしたの？　何で泣いているの？」

「お母さんに叱られて悲しかったの。ただ、自分のやりたいことをやっただけだったのに。褒めてほしかっただけなのに」

「そうだよね。悲しかったよね。辛かったよね」

アドバイスしたり、諭したりしないように気をつけながら、すべてを包み込んで、100％その子の味方になって、ただひたすら寄り添ってあげるのです。

そして、イメージの中で女の子（男の子）を抱きしめながら、他にもこんな言葉を伝えてみる。

「分かってあげられなくてごめんね」
「ずっと一人にさせてごめんね」
「言いたいことを言っていいんだよ」
「ずっと我慢させてごめんね」
「よく頑張ったね」
「素晴らしいね」
「ここにいてくれてありがとう」
「あなたは十分に魅力的な存在だよ」
「愛しているよ」
「生まれてきてくれてありがとう」

私たちは傷ついた体験によって、犠牲的になることや我慢することを覚えます。
愛されようとして、役に立とうとして、必要とされようとして、自分を演じているうちに「本当の自分」を見失ってしまったのです。

こうして幼い頃の自分を理解していくこと、自分を受容してあげることで、少しずつ自分の本音に気づけるようになっていく。自分の本当の気持ちに気づけるようになると、本当にやりたかったことを自分にさせてあげることができるようになるのです。

心を整えるヒント6

## あなたが持って生まれてきたギフトは、何ですか？

# 完璧を目指すのではなく、ダメな自分をただ許す

「自分は愛される価値なんてない」

そんなふうに思い込んでいる感情のことを無価値感と呼びます。無価値感は、犠牲や自己攻撃、自己卑下や自己嫌悪、劣等感や嫉妬《しっと》などの行動・感情を生み出します。

- 片づけられない自分はダメだ
- 時間にルーズで遅刻してしまう自分は最低だ
- 優しくできない自分に落ち込む
- すぐにイライラして人に当たってしまう
- 嘘をついてしまう自分が嫌いだ
- 幸せそうな人を見ると妬ましく思ってしまう

こういう自分は見たくないので、つい自分にダメ出しをして、直そうとしてしまうのです。

最初にも書かせていただきましたが、私たちは、ちょっと自分に厳しすぎるのかもしれませんね。ダメな自分にばかりフォーカスしてしまって「自分には何のとりえもない」。そんなふうに思い込んでしまう人もいるものです。

完璧を目指すのをやめて、どんな自分も受け入れ、許して、自分で自分を愛していけるといいですよね。

「また嫉妬しちゃったね。仕方ないよね。頑張ってるもんね」

「人間らしくてかわいいよ。そんなところも大好きだよ」

小さい頃の自分に寄り添ってあげたときのように、すべてを肯定して、自分に優しく寄り添ってあげる。大丈夫、あなたはダメじゃない。完璧な人なんて、どこにもいないのです。

心が成熟していくと、自分のダメなところを受容し、許せるようになっていきます。できないことはできないとただ認めて、周りの人に助けを求めることができるようになる。

「自分でもできるけど、自分だけでやろうとしない」

頼ることが上手になると、無理に感謝しようとしなくても、自然と感謝が湧いてくるものです。

そして、ダメだと思い込んでいた自分の性質を許せるようになると、人にも寛容になっていきます。

人に優しくなったということは、自分の器がまた少し大きくなったということ。成長した自分がうれしくて、そんな自分のことをまた少し好きになれるのです。

負のスパイラルから抜け出して、幸せのスパイラルへと変容していきます。

**心を整えるヒント7**

## あなたがダメだと思い込んでいるのは、自分のどんなところですか？

# 人との比較に気づいたら、自分に意識を向けてみる

自分へのダメ出しが得意な人は、人との比較も得意です。

でも、そうなってしまっているのも当然で、私たちは両親や周りの人に、大人になってからも比較されながら、相対の世界で生きているのだから、それも致し方ないことですよね。

「お姉ちゃんは結婚して親孝行もしているのに、私は全然できてない」
「友達はどんどんキャリアアップしているのに、私は雑用ばかりで何の成長もない」
「後輩は仕事をやめてダラダラしてるみたいだから、あの子よりはまだマシな気がする……」

人の行動が気になったり、比べてしまっていることに気がついたら、自分に意識を向けて、自分の心と向き合うことをオススメしています。

「私は今、何を感じてる？」
「本当はどうしたい？」

すぐに答えが浮かばなくても、急《せ》かすことなく、静かに待ってあげましょう。そして、どんな回答でももちろん大丈夫です。しつこいようですが、とにかく自分に優しくね。

比較してしまう人は、他人の目を気にしすぎてしまっています。だから、自分に意識を向けていくのです。

そうすることで、自己卑下や自己否定から抜け出し、自分とのつながりを感じられるようになる。自分とつながることで、安心感に満たされていきます。

どんなときも、何が起きていても、どうかあなただけは100％自分の味方でいてあげてくださいね。

心を整えるヒント8

## 他人の目を気にしすぎていませんか？

## 「嫌われないためにやっていること」をやめる

他人の目を気にしすぎる人は、日常のそのほとんどの行動が「人からどう見られるか」「人に嫌われないように」といった他人軸になってしまいます。

次に挙げるものは、嫌われないためにやっている行動の一例です。

- メールをすぐに返信する
- 時間を守る
- 感じのよい挨拶をする
- 誘われたランチに必ず行く
- 同僚の残業につきあう
- 仕事をきちんとする
- 友達の愚痴をイヤでも聞く
- 上司の話は面倒くさいと思ってもつきあう

●いつも笑顔でいる
●自分が着たい服より、周りに合わせた服を着る

やっていることはすべてよいことのように思いますが、「嫌われたくない」という動機でやっていたとするなら、ただ職場に行くだけで疲弊してしまうのも当然ですよね。

人が行動するときの動機には、「愛」か「怖れ」の2つしかないと言われています。
その動機が「愛」でない限りは、いくらよい行いをしていたとしても、心は幸せを感じられないのです。

「愛」とは自分や相手を大切にするための行動です。

「自分はまだ何の役にも立っていないのだから、残業くらいはしなければいけない」
「自分に自信がないから、資格くらいはとらないとダメだ」
「まだまだ不十分なのだから、人よりも努力しなければならない」

このような行動は補償行為や犠牲と呼ばれ、すべて「怖れ」に基づいています。

まずは行動を変えるのではなく、動機を確かめる。相手を大切にするのと同じように、自分自身のことも大切にする。犠牲的になるのではなく、自分と相手を同時に満たしていく。

「真に与えていく」

少し難しいですが、そんなことを意識できるようになると、心が満たされ、真の幸せを受け取れるようになっていきます。

心を整えるヒント9

## 嫌われたくなくてやっていることはありますか？

# 人からの褒め言葉を受け取る

心理学の講座の中でもとても盛り上がるのが、人からの褒め言葉を受け取るワークです。

3〜4人のグループを作り、一人ずつ順番にみんなで褒めていきます。

このときの注意点は、ダメ出しやアドバイスは一切しないこと。純粋に「ステキだな」「魅力的だな」「真似《まね》したいな」と思うことを素直に伝えていきます。

言われた人は、とにかく受け取る意識を持ちます。このワークのときには、みなさんに録音をオススメしていて、あとから何回も聞いてもらっています。

最初は恥ずかしかったり、戸惑ったりしてしまうこともありますが、伝えるほうも受け取るほうも、自分の中の優しさや愛に触れて涙があふれます。

うれしくて心が満たされてみんながつながりを感じられるこの時間が、私も大好きです。

婚活の相談に来た方にも、友達にあなたのいいところを教えてもらってくださいと宿題を出しています。

どうやって聞いてみたらいいか分からないという方もいるので、みなさんに送っているテンプレートを載せておきますね。

「会社（※ここは何でもいいです）で宿題がでたので、協力してもらえたらありがたいよ。私のいいところを5つ教えてください。先にあなたのいいところをお伝えするね。

●明るいところ
●いつも話を聞いてくれるところ
●優しいところ
●ユニークなところ
●おしゃれでかわいいところ

忙しいところ、こんなお願いしてごめんね。よろしくお願いします」

10人くらいに聞けると、とてもいいですが、親友2人だけとか、両親や兄弟に聞いてみたりする方もいます。

まず、先にこちらから送るので、みんな喜んで協力してくれますし、大切な人と褒め合うことで、より親密な関係が深まります。よかったら、ぜひ気軽にトライしてみてくださいね。

心を整えるヒント10

## あなたがよく褒めてもらえるところはどこですか？

# 憧れている人の性質は、あなたの魅力の一部

自分の魅力を受け取っていく方法はいくつもありますが、これまたステキな方法をお伝えしますね。

まずは、あなたの周りの家族・友人たちは、どんな魅力を持っていますか？
リストアップしてみてください。

(例) 優しい・穏やか・聡明・一生懸命・素直・チャーミング・豊か・性格がいい・親切・気持ちがいい・さっぱり・明るい・真面目・面白い・行動力がある・自由・ユニーク・おもしろい・軽やか・こまやか・誠実・清らか

実はそのリストアップした性質は……、

あなたが持っている魅力、そのものなのです！

これ、すごくうれしくないですか？

私たちは自分の中にないものに反応することができないといわれています。

たとえば、自分の中の「優しい」という性質をポジティブに捉えているからこそ、周りの人のその性質を魅力として映し出すことができるのです。同じ人を見ても、どの部分をステキに感じるかは、みんな違っていますよね。

そうなると、うれしい気持ちと同時に「いやいや、いやいや」という、否定したくなるような感情も湧いてきますよね。

この感情の正体は、自己否定や自己嫌悪であり、自分の魅力を受け取り切れていないという証拠でもあるのです。

自分の中にもある性質で、かつ、その性質をポジティブに捉えているからこそ、目の前の人に魅力として映し出すことができる。

ただね、魅力として持っているからといって、それをすべて活《い》かせているとは限りません。私たちの心はとても複雑で、自分で頑《かたく》なに封印してしまっている才能や魅力もあるのです。

また、大嫌いなあの人の性質も、あなたの一部分といえます。

これは一見、とても気分の悪いことかもしれませんが、投影は取り戻していくことが可能です。

投影を取り戻していくということは、「自分にはないものとしていたこのイヤな性質は、実は自分が封印していた自分自身の一部なのかもしれないな」と受け入れ、許していくということ。

そうすることで、自分の世界から嫌いな人がどんどん消えていく。自分が嫌っていた自分自身の一部も愛《いと》おしく感じられるようになり、人間関係が豊かに潤っていくのです。

最後に、自分の憧れている人を思い浮かべてみましょう。

ごく身近にいる尊敬している先輩でもいいですし、芸能人や偉人、映画やドラマの主人公、マンガのキャラクターでもＯＫです。

その憧れる人の、どの性質に魅力を感じているのか、書き出してみてください。もちろん、会ったことがない場合は勝手なイメージでいいですよ。

もう想像がついている人もいるかと思いますが、憧れているあの人の性質は、未来のあなたの可能性。あなたの最高のビジョンです。

あなた自身が今の魅力を受け入れ、どんどん自分らしさを発揮していくことで、最高の自分に近づくことができるのです。

心を整えるヒント11

## 小さい頃に大好きだったアニメは何ですか？

# 一人で幸せを感じられるようになる、一人の時間を楽しむ

繰り返しになりますが、行動の下に隠れている動機には「愛」か「怖れ」の2つしかありません。

「一人じゃ将来が不安だから、結婚したい」

気持ちはとても理解できますが、これだと「怖れ」からの行動になってしまいますよね。

「怖れ」から行動すると、焦ったり迷いが生じたりして、正しい判断ができなくなってしまうこともあります。

だから、結婚する前には成熟した女性として、一人の時間をちゃんと楽しめるようになっておくことが大切です。

● お洒落《しゃれ》なカフェでくつろぐ
● 好きな映画やドラマを見る

●部屋を自分のワクワクするもので満たしていく
●自分のために心を込めて料理をつくる

大それたことをしなくてもいいのです。
ただ、心に湧き上がってきた、やりたいと思ったことをなかったことにしないこと。一つずつ丁寧に扱い、自分が純粋にやりたいことを、自分にやらせてあげましょう。

自分のことを世界一大切な人として扱ってあげるのです。

あとは、結婚する前に、ずっと先延ばしにしていたことを完了させておくのもオススメです。

●ずっとやってみたかった習い事に通う
●友達と海外旅行に行く
●美容クリニックや脱毛サロンにいく
●好きなアーティストのライブを予約する

●結婚指輪やドレスの下見にいく

「一人の時間を十分に楽しめて幸せ。でも、二人だったらもっと違う幸せもあるはず♡」
こんな気持ちで婚活をスタートできたら最高ですね。

心を整えるヒント12

## 一人時間、何をしているときが幸せですか？

# 自分で自分を褒める

自己肯定感を上げる方法として、一番オススメな方法は、なんといっても自分で自分を褒めてあげることです。

いつもみなさんにオススメしていて、とても気軽で簡単に始めることができる習慣をご紹介しますね。

まずは、一日の終わりに3行の「自分褒め日記」をつけることです。

●今日も仕事を頑張った私、エライ！
●美容院の予約をした私、ステキ！
●会社の先輩にお礼をした私、やさしい！

たったのこれだけです。

簡単でしょう。これでも「褒めることなんて何もない」と言う人は、もっと当たり前にやっていることを書きましょう。

●寝坊せずに仕事に間に合った私、素晴らしい！
●おなかが痛かったから我慢せずに早退した私、よくやった！
●忘れずにゴミ出しできた、ヤッター！

この「自分褒め日記」は効果テキメンで、睡眠の質が上がったり、体の不調が整ったり、なにより自己肯定感を簡単に上げることができます。
続けるのが難しい人は、友達と一緒に褒め合ってみるのもいいですね。

あとは、鏡を見るたびに、こんなふうに自分に声をかけてあげることも効果的です。

「かわいいね」
「頑張ってるね」
「どんどんよくなってるよ」

自分のことを自分で褒めていく。

今まで当たり前だと思っていたことを「すごい！」に変えていくことで、自分のことが好きになって自信を持てるようになっていきます。

心を整えるヒント13

## 今日はどんなふうに自分を褒めますか？

# 自分のことを大好きになり、まずは自分と結婚する

健やかなるときも 病めるときも
喜びのときも 悲しみのときも
富めるときも 貧しいときも
これを愛し 敬い 慰め合い 共に助け合い
その命ある限り真心を尽くすことを誓いますか？

結婚するときに神様の前で誓うこの言葉。これを自分自身に誓うことはできますか？

あなたはあなたの命そのものを愛していますか。私たちが眠っている間も、心臓を動かし続けてくれています。意識しようとしまいと、止まることのない呼吸。ごはんを食べれば血や肉となり、ケガをしたら傷を治し、今日も私たちは生かされていますよね。

体の不調が治ったら……
パートナーが見つかったら……
お金がもう少しあったら……

条件が、環境が、誰かが、自分を幸せにしてくれるわけではありません。

「何があっても責任とるから、好きなように生きていいよ」
「どんなときも見守っているし、どんなあなたも大好きだよ」

自分自身にそんなふうに言ってあげること。どんな自分も心から愛し、自分と結婚することができれば、現実も変容していきます。

世界は心を映し出す鏡だからです。

心を整えるヒント14

## 自分と結婚できますか？

# 第3章

# 自分を喜ばせる

## ワクワクする未来を描くステップ

自分の外側や、未来や、どこかに幸せがあると錯覚している限りは、
あなたが本当に満たされることはありません。
パートナーがいてもいなくても、あなたは幸せそのものであり、
結婚していてもしていなくても、喜びに満ちあふれる存在だからです。
第3章では、理想のパートナーの引き寄せ方、
ワクワクすることを思い出してビジョンを描くということ、
自分を喜ばせる方法などをお伝えしていきますね。

# リアルにイメージして、最高の未来を引き寄せる

「あぁぁぁぁ……また、やってしまった……」

3度目の面談時。一人感動の涙を流す私と、ポカーンとする明日香さん（29歳）。クライアントさんをこうして置き去りにしてしまうのは、いったい何度目のことでしょう。

明日香さんには小さい頃のワクワクを思い出してもらう宿題や、理想のパートナーリストを持参してプロフィールを完成させて、これから婚活をスタートしようとするところ。

――その理想のパートナーと、デートで行きたい場所は？　どんな休日を一緒に過ごしたいですか？

「そうですねぇ……私は自然の中でゆっくりするのが大好きなので、休みの日はお弁当を持って公園に行って、バドミントンやキャッチボールとか、軽く運動するのもいいですね。それで、子どもが生まれたら……」

共感力もさることながら、イメージ力がひときわ強い私は、こんな話を聴いていると、

リアルにビジョンを感じ取ってしまうことがあります。このときも、2歳くらいの男の子が公園で走り回っている姿と、楽しそうに追いかける明日香さん。そして、レジャーシートに座って微笑むスラリとした優しそうな男性の幸福感が伝わってきて、

「おめでとう。本当によかったね」


またやってしまった！　妄想で、号泣（笑）。

爆笑する明日香さんには、私が見たビジョンとともにこのようにお伝えしました。

「あなた、笑っているけどね。このくらいリアルにイメージすることさえできれば、あなたの夢だって簡単に叶《かな》うのよ」

自分を喜ばせるヒント1

## 幸せな未来のワンシーンを、実際にその場にいるような感じでイメージする

# 成功者たちが教えてくれた夢を叶える方法

若き日の私は、ファイナンシャルコンサルタントとしてお客様の資産運用のお手伝いをさせていただいていました。一流の経営者や富裕層と呼ばれる方々から成功哲学を学んだことが、今の私に大きな影響を与えています。

その頃の私は、お客様に商品提案をするよりも、「どのようにして成功したのか」「最も大変だったことは何か」「体験からの学びや気づき」「その方にとっての幸せや豊かさ」「最近体験したおもしろい出来事」など、まるで経済誌の記者のようにインタビューしては、熱心にノートにまとめることに喜びを見いだしていました。

幼い頃から、この世界にどこか馴染《なじ》めていないような感覚と、共感力が強すぎるが故に人との境界線がかなり曖昧で、この感情が「自分のものなのか人のものなのかが分からない」といったエンパス体質だったということもあり、生きづらさを感じていたのです。

だから、「生まれてきた意味」や「自分の使命」なるものを見つけて、自分も成功することができれば「ここに居てもいい」という安心感を得られるような、そんな気がしていたのかもしれません。

いずれにしても、探求心と好奇心、成長欲求の強い私にとって、机上の空論ではないリアルな体験談から教えを受けるこの日々は、私の人生の中でもとても貴重でありがたい、宝物のような時間だったのです。


表紙に手書きで「成功ノート」と書かれたそのノートには、教えてもらった論語や哲学、偉人や著名人の格言や名言、その方々の体験からの学びや気づきなどの貴重な言葉たちが、教えてくれた方の名前とともにビッシリと記録されています。

どの言葉も本当にありがたいものですが、その中で私に大きく影響を与えた言葉たちの一部を、ここにご紹介しますね。

●鏡は先に笑わない。あなたが笑えば世界が笑う
●今のワクワクが、最高にワクワクする未来を創《つく》る
●未来を先にお祝いすると、夢が叶う
●運がよくなりたいなら、運のいい人といることが大事
●あなたが与えるものが、あなたが受け取るものとなる

●成功にふさわしい人になれば、自然と成功する
●すべてはひとつ、私たちは肉体を超えた存在であり宇宙とつながっている
●自分の本当に大切なものを知り、大切なものをきちんと大切にする
●必要なメッセージは、完璧なタイミングで送られてくる
●未来は選べる
●相手を信頼することが本当の愛である
●傷つくならば愛ではない
●あらゆる問題はユーモアで解決できる
●愛を学ぶのではなく、愛の体現者として生きる
●今、何が起きていたとしても、すべてはうまくいっている
●明日死ぬかのように生きよ、永遠に生きるかのように学べ

いかがでしょうか？　あなたの心にも、何かしら響く言葉はあったとしたら、とてもうれしく思います。

お客様の一人に、80歳を超えた、それは上品で優雅なマダムがいらっしゃって、洗練された優美な豪邸に伺うのが楽しみでなりませんでした。

奥様の方も私と話すことを心待ちにされていて、いつもケーキをご用意いただいて、帰りにはステキなプレゼントまで持たせてくれました。

「信じても信じなくてもいいのだけどね。あなたはね、生まれる前に自分の人生のシナリオを自分で描いてきたのよ。まずは人生のテーマを決める。そのために必要な才能を持って生まれてくるの。今世で学んだり体験したいこと、最大限に自分を発揮できる両親や環境も、自分で選んでいるのよ」

そのような目に見えない世界の話や、さらにスピリチュアルなこと。最近観た映画や、読んだ本の内容について。今思い出してみても、喜びと豊かさにあふれた最高に楽しい時間でした。

これは余談ですが、ご主人を亡くした女性たちは、「今が一番穏やかで幸せだわ」と言って、フラダンスやバイオリンなど新しい習い事を始めてはイキイキと若返っていきます。

逆に、奥様に先立たれた男性は、どんどん生気を失って、元気をなくしていくように私の目には映っていました。とまぁ、まさに余談ですが（笑）。

自分を喜ばせるヒント2

## あなたが生まれる前に決めてきた人生のテーマを思い出してみよう

# 望む、望まないにかかわらず、目の前の現実はすべて自分が引き寄せたもの

このように素晴らしいご縁に導かれたこと、なかなか自分に自信が持てずに生き辛かったこともあり、当時の私は、ビジネス書や自己啓発書、そして宗教や精神世界の本まで、次から次へと読み漁《あさ》っていました。

私は相談を受けると、本を紹介したりプレゼントしたりすることが多いのですが、「まさに欲しい答えが書いてありました！」と喜んでいただけるのは、この頃に引き出しが増えたからじゃないかと感じています。

恋愛相談や婚活相談に来るクライアントさんたちもまた、抱えている悩みはそれぞれ違うので「この方は風水から入るといいな」「この方は心からのアプローチが効果がありそうだな」なんて、角度を変えたアプローチを心がけています。

「パートナーがほしい」

そうおっしゃる方の多くは、ビジョンが足りていないことが多いので、引き寄せの法則

をベースにしたワークに取り組んでいただき、パートナーが見つかるまでの間、ワクワクと楽しみながら伴走しています。

引き寄せの法則は最も強力な宇宙の法則であり、うまく使うことで自分の望む世界を創造することができるといわれています。「似たエネルギーのものを引き寄せる」「自分が発した波動に合ったものが引き寄せられる」という波動共鳴の法則です。

望む、望まないにかかわらず、意識したものが現実化する。よって、これまでの人生で出逢った人や出来事、経験などはすべて自分が引き寄せたものである、という考え方です。

量子力学の専門家である村松大輔先生によると、「引き寄せの法則」も「鏡の法則」も物理学で解明できるとのこと。私たちの意識も感情も、目に見えないだけで、すべて「波」でできていて、この「波」をどう飛ばすかによって最高の未来を創ることができるのです。

自分を喜ばせるヒント3

## 辛かったあの日の経験も自分で引き寄せたのなら、これからの未来も創ることができるはず

## 愛されたいと願えば願うほど、愛してくれない人を引き寄せてしまう

ただ望んでいるものだけが創造されるのなら、世の中の多くの人たちが、もっと豊かで平和な現実を生きているはずですよね。でも世界を見渡してみても、実際にはそうではありません。

「パートナーがほしいといつも願っているはずなのに、どうして引き寄せることができないのでしょうか」

願っているのに叶わない人の、素朴な疑問です。

「愛されたい」「パートナーがほしい」と願うことは、不足感や不満を発振していることになります。つまり、引き寄せの法則からしても、「愛されたい」と願えば願うほど、「ない」という現実を引き寄せてしまうことになるのです。

「結婚したい」と願っているときに創造される現実は、「結婚したい」と思うような現実。

つまり、婚活していても、いい人になかなか出逢えなかったり、結婚できないような人ば

かりを引き寄せてしまうことになるのです。

お金の心配をしていない人が「お金がほしい」とか、幸せな人が「幸せになりたい」と願うことはないですよね。では、そういう人たちはどのような波動を放っているのでしょう。

「豊かだな♡」
「幸せだな♡」
「ありがたいな♡」

きっと喜びや愛、感謝にあふれていて、最高の波動を放っているはずですよね。だから、幸せな人はさらに幸せになって、豊かな人はさらに豊かになっていくのです。

よって、自分が発振している周波数さえ変えることができれば、理想のパートナーも、理想のライフスタイルも、自分の望んでいる世界も、創造することができるということなのです。

自分を喜ばせるヒント4

## 幸せな人を真似て最高の波動を放ってみよう

## 間違った思い込みや観念に気づいたら、一つずつ丁寧に書き換えていく

口では「パートナーがほしい」と言っていたとしても、潜在意識下にネガティブな思考や観念があれば、そうした思い込みが現実を創造してしまうということが少しずつ理解いただけているでしょうか。


「私なんかにステキなパートナーができるわけがない」

「このままの私じゃ幸せになれない」

「ロクな男はいない。男はみんな浮気する」

「私には男運がない」

「結婚したところで幸せになんてなれない」


恋愛カウンセリングや心理学の講座内でも、たとえば、このように質問することがあります。

「パートナーがほしいと言っていますが、パートナーができたら本当は困ることはありますか？　パートナーができることで怖《おそ》れていることがもしもあるとしたら、何だと思いますか？」

「もしもあるとしたら……」

このフレーズが、潜在意識に訴えかけてくれます。

「自分の時間がなくなりそう」
「いまさらパートナーができても、面倒くさいことのほうが多い気がする」
「結婚して幸せになれるイメージがない」
「パートナーはほしいけど、誰かと一緒に暮らせる気がしない」
「また別れがきたら、今度こそ立ち直れないかも……」

これらの回答は、実際に今までに受講生やクライアントさんたちが答えてくれたものの一部です。

先ほどの明日香さんは「自分の時間がなくなりそう」と答えてくれましたので、そのやりとりの一部をご紹介しますね。

――確保したい自分の時間を使って、明日香さんがしたいことは何ですか？

「私はマンガを読むのが好きなので一人でマンガを読みたいし、ただぼーっとしたり、何も考えずにのんびり過ごす時間が必要なんです。休みの日には、今までどおり友達ともカフェでおしゃべりを楽しみたいし、推しのライブにも行きたいんです」

――明日香さんにとって、一人の時間はとても大切なのですね。どういう人がパートナーだったら、ストレスなく過ごせそうですか？

「うーん……。そうですね。私のように趣味が多くて自分の時間を大切にしている人で、お互いの自由を尊重できる人だったら問題ない気がします。……というか、そんな人が見つかったら最高です！」

もちろん、思い込みや観念は一つではないですし、簡単に書き換えられるものや手放せるものばかりではないかもしれません。

でも、こうして一つずつ丁寧に心を見つめていくことで、パートナーを遠ざけている心のブロックを外していくことになります。
また、自分の本当の望みに気づくことで、理想のパートナーを引き寄せることができるのです。

自分を喜ばせるヒント5

## 「もしもあるとしたら…」というフレーズを使って、潜在意識に訴えかけてみよう

# 理想のパートナーの条件リスト（望みと理由）を書く

「願望をノートに書いて意識を向ける」
「願いを人に話す」
「夢に日付をつける」

前にご紹介した私が成功者の方々から聞き取った「成功ノート」を見つめてみても、このような教えが一番多いのです。

そこで、これから婚活を始めるクライアントさんには、婚活を始める前に「理想のパートナーの条件リスト」を作成していただいています。

書き出していくことで頭の中が整理されていきますし、自分の本当の望みに気づくこともできます。

実際にリストを作成する前に、注意する点を確認しておきましょう。ポイントは以下の

5点です。

1 潜在意識は否定的な言葉を理解できないので、肯定的な言葉に変換して書く
2 条件も遠慮せずに具体的に書く
3 理想のパートナーと一緒にいることで、感じるであろうポジティブな感情も含めて書く
4 自分が発振した波動と同じ未来が創られるので、ワクワクして楽しみながら書く
5 願いが叶った状態をリアルにイメージする

この点を踏まえて、実際にリストを作成してみましょう。書き出す際は、他の人が見ても分かりやすい言葉で書くことが重要です。

- 優しくて穏やかな彼だから、一緒にいると安心できる
- 価値観も趣味も合うから、いつも楽しく過ごせる
- 自由を尊重し合える関係だから、お互い一人の時間も大切にできる
- 飾らずに自然体の自分でいられるから、一緒にいてリラックスできる
- 自分の両親や兄弟を大切にしてくれるから、優しい気持ちでいられる

●顔もスタイルも好みだから、見ているだけで幸せを感じる

●子煩悩で家族思いだから、そばにいると感謝があふれてくる

●仕事もできて人望もあるから、これからの未来を想像するとワクワクする

このようにリストは肯定的な言葉で、そのときの感情も一緒に書いてくださいね。たとえ素晴らしい言葉を書き並べたとしても、怖れから発したものはさらに怖れを増幅してしまいます。「言葉」「思考」「行動」に、愛にあふれたポジティブな感情を掛け合わせることがとても大切なことなのです。

また、書き出したリストに優先順位をつけて、3つくらいに条件を絞ることで、イメージがさらに強化されて現実化が早くなります。実際にステキな人に出逢った際は、リストを見ながら一つずつ条件を確認することもでき、婚活中のブレない指針となっています。

難しく頭で考えすぎずに、とにかくワクワクしながら書いてみてくださいね。書き進めていくと潜在意識が活性化されて、自分の本当の望みが湧き上がってきますよ。

自分を喜ばせるヒント6

## 書き出すことで、気持ちが整理されていく

## 絶対にイヤなことが分かると、本当に望んでいることが見えてくる

書き出すことで自分の気持ちが整理され、理想のパートナー像がどんどん明確になっていきます。ポジティブな状態に意識を向けることで、さらにその思考が大きく強力になっていくからです。

もしネガティブなことに意識が向いていることに気がついたら、ゆっくりと実現したいものにシフトし直しましょう。

また、理想の状態を書き出すことが難しい場合は、絶対にされたらイヤなことをまずは書き出して「それなら何が望みなの？」と自分に問いかけてみましょう。

潜在意識は否定的な言葉を理解できないので、リスト化する場合も肯定的な言葉に変換することが大切です。

●暴力をふるう人　↓　優しい人

●ギャンブルをやる人　↓　金銭感覚がしっかりした人
●すぐ怒る人　↓　穏やかな人
●転勤族の人　↓　実家の近くに住んでくれる人
●動物が嫌いな人　↓　猫を飼うことを許してくれる人
●家族仲が悪い人　↓　家族を大切にしてくれる人
●不潔な人　↓　清潔感がある人
●束縛する人　↓　自由を尊重し合える人
●浮気をする人　↓　私だけを見てくれる人

理想の条件がすぐに出てこなくても、絶対にイヤな人はスラスラと書ける人は多いものです。こうしてさまざまな角度から自分の心と向き合い、自分の本当の望みを知っていけるといいですね。

自分を喜ばせるヒント7

## 逆から考えると、自分の本音が見えてくる

## パートナーと行きたい場所や理想のデートをイメージする

リアルに理想を思い描くことができれば、現実化が早くなります。実際に行きたい場所や、やりたいことなどを、リアルに思い描いていきましょう。

どのように叶えていくかなど具体的な方法は宇宙に任せて、すでに叶っているという幸せ感やワクワク感で未来を引き寄せていきましょう。

- 理想のデート
- 理想の休みの過ごし方
- 理想のプロポーズ
- 理想の結婚式
- つけたい結婚指輪
- 住みたい新居
- 行きたい新婚旅行先

理想のリストができたら、イメージ画像を見つけてビジョンマップを作ってみましょう。スマホの待ち受けにして、すでに叶っている自分をリアルに感じていくのです。

ビジョンマップをいつも眺めていると、こんなメリットが得られます。

- 自分の理想にいつも触れていることで、ワクワクする
- ワクワクすることで、また新しいビジョンが湧いてくる
- ビジョンに近づくための行動力が生まれる
- チャンスに敏感になり、セルフイメージが上がる
- 内側から感謝があふれだすことで、最高の未来が引き寄せられる

実際にデートで着ていく服を買いに行ったり、行きたい旅行のパンフレットをもらってきたり、デートの場所やレストランをリサーチしてみてください。

軽やかに夢や願いを叶えていく人たちの共通点は、ワクワクと思い描くだけでなく、行動も伴っているという点です。

いつパートナーができてもよい状態にしておくこと。チャンスはいつだって、準備がで

きた人のところにやってくるからです。

引き寄せの法則は、宇宙で最も強力な法則であり、望む、望まないにかかわらず、誰に対しても平等に働いています。

その認識に立つことができると、今、自分の目の前で何が起きていたとしても、この現実は自分で引き寄せたのだから、心の在り方を変えて、本当に望む未来を創造すればよいのだ、ということが分かってきます。

あなたがいつも感じていることは言葉や思考、行動となってあらわれています。そして、感情や気分は、波動となって、無自覚のまま、世界に向けて発振されているのです。その波動が今の現実を引き寄せているので、結局は感情を整えていくことが一番の近道といえるのです。

自分を喜ばせるヒント8

## 理想のビジョンを描くだけで、心がワクワクで満たされる

# 心地よい気分でいること以上に大切なことはない

私たちの思考が現実を作り出していることを理解すると、自分が何を考えているのか心配になってきますよね。ただ、自分の心の中で起きていることを客観的に見ていくのはとても難しいものです。

私たちの脳は1日に約6万回もの思考をしているといわれていて、その約9割が前日と同じ内容を繰り返し、その約8割がネガティブな内容だといわれているのです。

もちろん、思考には癖があり個人差もあるでしょうし、6万回思考しているといわれたところで私自身もピンときているわけではありません。

ただ、「いでよ、私の理想のパートナー」と控えめに唱えてみたところで、私たちの願いが叶わない理由だけは、なんとなく理解できるような気はしますよね。

自分で自分の思考を捉えていくことはとても難しいですが、そこで頼りになるのが感情なのです。感情もまた愛か怖れの2種類しかなく、至極シンプルに捉えるならば、「心地よい」か「心地悪い」かに分けられます。感情は、私たちの心がどちらに向いているかを教えてくれる、優秀なナビゲーションシステムなのです。

「心がモヤモヤする」
「心がトキメク」

よくこのような表現がなされますよね。今、この瞬間「心地よい」か「心地悪い」かさえ捉えることができれば、その感情の元になっている思考がポジティブなのかネガティブなのかを知ることができるわけです。

「心地よい」気分のときは、ポジティブなことを思考し、言葉にし、行動しているはずです。逆に「心地悪い」気分のときは、ネガティブなことを思考し、たとえ言動にあらわしていなくとも、世界に向けてネガティブな波動を発振しているわけです。

つまり、究極的には、いつも「心地よい」気分でいることさえできれば、それだけで「心地よい」現実が創造されていくのです。

自分を喜ばせるヒント9

## 好きな音楽や、好みのアロマを使って、一瞬で心地よくなることもできる

# 自分の好きなことを、自分に与えてあげるだけ

難しいことは理解できていなくても大丈夫です。ただ、自分の心が「心地よい」と感じることを、今すぐに自分にさせてあげるのです。

「自分の心をいつも喜びで満たす」
「自分がワクワクすることをやる」
「トキメク時間を増やす」
「心が平安である」
「世界と調和する」

人によってしっくりくる表現はさまざまだと思いますが、心が「心地よい」ということは、自分の心が満たされているということです。正解・不正解など外側の世界にはありません。ただ、あなたの内側が満たされることをするのです。

好きなものを食べる。好きな音楽を聴く。好きな景色を見る。心地よい感触と心癒やされる匂いにつつまれる。自分を満たす。ただ、それだけ。

「自分の好きなことが、何だか分かりません」

優しくて繊細で、いつも自分のことよりも人のことを優先してきてしまった人ほど、自分の本当の気持ちを置き去りにしてしまっているものです。

今はまだ分からなくても、どんなあなたでも大丈夫。そんな人は、まずはゆっくりと一人の時間を持って、優しく心に問いかけて、一つずつ丁寧に答えてみてはいかがでしょう。


「小さい頃にワクワクしていたことはどのようなことですか？」

「大きくなったら何になりたかったですか？」

「大好きな遊びは何でしたか？」

「思春期の頃に興味があったことは何ですか？」

「高校、大学、20代の頃にときめいていたことはどんなことですか？」

「好きな本、映画、ドラマ、エンターテインメントは何ですか？」

「どうしてそれが好きなのですか？」

「これまでの人生で達成したこと、誇れることは何ですか？」

「今までやってみたかったけど、やらなかったことは？」

「どうしてそれをやらなかったのですか？」

「理想の仕事のスタイルはどのような感じですか？」

「理想の住まいや過ごし方は？」

「理想の人間関係や関わり方は？」

「命があと1年だったら、どう過ごしますか？」

「これからの人生で、これだけはやっておきたいことは何ですか？」

「数年後、理想の生活を手に入れたあなたの前に、あなたに憧れる人がアドバイスを求めにやってきました。どんなアドバイスをしますか？」


よく分からなかったとしても、とりあえずトキメクペンとかわいいノートを買いに行ってみてください。そして、好きなカフェや、自然あふれるような場所、もしくは自宅を少し片づけて、一人静かに自分の心と向き合ってみるのです。

「心地よい」場所で「心地よい」ことを想像する。ただそれだけで、今この瞬間がすでに

「心地よい」。そう、「心地よい」未来など創造されることを望まないほどに。

「手放すと、手に入る」

そんなこともまた、このような側面からも、見て取ることができるのです。

自分を喜ばせるヒント10

## 心地よい場所で、自分の心と向き合ってみよう

# 感謝を習慣化させて、よい波動を放つ

私の趣味は「運気アップ」、特技は「運のマネージメント」です。

運気を上げるための努力は惜しみませんが、深刻になることは逆に運気を下げてしまうので、軽やかにワクワクすることだけを取り入れている感じです。ムリない範囲で毎日なるべく掃除をして、いつも心地よい空間を保っています。風水を取り入れて、壁紙の色は空間ごとに変えて、観葉植物を至るところに置いています。氣を整えること、よい氣を流すことを意識しているので、生花も飾りますし、アロマも焚《た》いたりします。

トキメキとワクワクと軽やかさを大切にしているので、なるべく捉われすぎないように「自由で自分らしく」過ごすことをモットーとしています。

占いやスピリチュアルやパワースポット、はたまた都市伝説やミステリーなども大好きなのですが、ゆるくてマイペースな性格のため、自分にとって「都合のよい」ところだけを、都合よく解釈して活用しています。ただ、自分で言うのもなんですが、フワフワしているというよりは、わりと「地に足はついている」ほうなのじゃないかな、と感じています。

そんな趣味が「運気アップ」の私ですが、運をよくするための独自研究を20年以上続けて、私なりにわかったことがあります。

運がよくて「自分で自分の機嫌を取っている」人たちの共通点は、謙虚で感謝にあふれているということ。

私は人間関係にはとても恵まれていて、運も人柄もいい人たちに囲まれているのですが、大きなことを成し得たり、大きな夢を叶えたりしている人ほど「おかげさま」との気持ちが強く、周囲の人たちや、ご先祖様、目に見えない存在に深い感謝であふれているのです。

感謝は、ポジティブな感情の中でも「愛」と同等の最高のヴァイブレーションの波動です。そしてその波動は「本当の自分」と共振・共鳴するので、インスピレーションやビジョンを受け取れるようになっていくのです。

常に愛や感謝の周波数を保つことができれば、最高の人生が創造されていきます。

まずは難しく考えずに、日常の中に感謝を探してみましょう。

たとえば、こうして目が見えること、ごはんが食べられること、温かい布団で眠れること、蛇口をひねれば水が出ること、共感してくれる友達がいること、味方になってくれる家族がいること、誰かの役に立てる仕事があること。

余裕がないときはなかなか感謝の気持ちが持てないかもしれませんが、だからこそ、なるべく日常の中で、感謝を習慣化していくのです。

難しく感じられる人は、まずは「ありがとう」を口ぐせにしてみましょう。最初は気持ちがこもっていなくても大丈夫です。言霊《ことだま》が感謝を見つけられる自分へと導いてくれます。

自分を喜ばせるヒント11

## 「ありがとう」が口ぐせの人で、不幸せそうな人を見たことがない

# 迷ったら、ワクワクする心地よいほうを選ぶ

「私も結婚したほうがいいでしょうか？」

「どちらの男性を選べばいいでしょうか？」

「ちょっと婚活を休んだほうがいいでしょうか？」

私は職業柄、このような恋愛や結婚にまつわる質問をされることが多いのですが、なるべく自分の意見やアドバイスはせずに、こんなふうに質問を返すようにしています。

「あなたの心は、どう感じていますか？」

「ワクワクして、心地よいほうはどちらですか？」

タロウ君を選んだほうがいいのか、ジロウ君を選んだほうがいいのか、どちらを選んだとしても、極論、どちらだっていいのです。ただ、いつもどこかに正解があるような気がしていること。間違いや傷つくことを怖れて、自分で決断することを放棄してしまってい

ることにまずは気づきましょう。

自分の心と向き合うことを放棄して、自分以外の誰かにいつも答えを求めてしまっているのなら、それこそ大問題だと私は感じます。

私たちの心の奥にいる「本当の自分」は、あなたが何を望んでいるかちゃんと知っています。ずっと探していて見つからなかった答えは、いつだってすでにここにあったのです。

ただ、幼い頃から感情を押し殺すことが癖になっていたり、人からどう見られるかに気を取られすぎてしまって「本当の自分」とつながることができなくなってしまったのです。

「愛」か「怖れ」か、「心地よい」か「心地悪い」か。実際はとてもシンプルです。

正解を探そうとするのではなく、心が喜びを感じるほうを、ワクワクするほうを選んでみてください。それが、自分との信頼を取り戻していくこと、「本当の自分」とつながっていくということだからです。

自分を喜ばせるヒント12

## ワクワクセンサーの感度を上げよう

## 「本当の自分」を思い出していくと、直感やインスピレーションが湧いてくる

幸運なことに、私にはメンター（師匠）と呼べる人が複数人います。『サイエンス・スピリチュアルの教科書』など複数の著作をお持ちの小西昭生先生もその最たる素晴らしい方で、毎月、勉強会に参加させていただいています。

小西先生は「見えない世界」を科学で解明されていて、「愛」「命」「魂」「生死」「波動」「神」など、一般的には言葉にすることが至極難しいことを、論理的・物質的に誰にでも分かりやすい言葉にして、私たちに教えてくれています。

小西先生が言う「神」とは、宗教的な神様のことではなく、人によっては、内なる存在、ハイヤーセルフ、大いなる存在、宇宙、ソース（源）とも言い換えられますし、私はこの本の中では「本当の自分」と表現しています。

愛の体現者として生きるということ。愛から言葉を発して、愛から行動することで「本当の自分」を思い出していくこと。地上を天国にすること。このようなことを大切な仲間

たちとともに学んでいます。

「頭」は、あなたの運命の人がどこにいるのか、いつ、どこで出逢えるのかを知りません。でも「本当の自分」は「あなたの必要なものをあなたより先に知っている」のです。

「本当の自分」とのつながりが深くなると、直感やインスピレーションを受け取れるようになっていきます。

損得を考えず、頭でジャッジせずに、インスピレーションを信頼し、委《ゆだ》ねていくのです。私がいつも必要なタイミングで必然の出逢いに恵まれていること、こうして出版が叶ったことなども、流れを信頼し、素直にサレンダー（明け渡す）したおかげだと感じています。

また、「本当の自分」とつながるには、心を静めて内省すること、瞑想《めいそう》することが効果的です。「神」や「愛」「生命エネルギー」を言葉で表現することは困難ですが、私も瞑想で内なるエネルギーに触れる体験を何度も重ね、その都度《つど》、至福感に包まれています。

自分を喜ばせるヒント13

## 愛の体現者として生きる

# 大切なことはパートナーを引き寄せることではなく、幸せの感度を高めること

「結婚すれば幸せになれるのか？」
答えは言わずもがな、ですよね。幸せな人が結婚すれば、幸せな結婚生活に。不幸な人が結婚すれば……。

世間で成功者と呼ばれている人たちもまた、みんながみんな幸せなわけでありません。豪邸に住み、外車に乗り、何不自由のない生活。毎年、海外旅行に行き、たとえば愛人もいたりして、使いきれないほどのお金があったとしても、妻や子どもや社員に嫌われていていたとするならば、どこか痛々しく強がっているようには見えても、とても幸せそうには見えないですよね。
次から次へと欲望を満たしてみたところで、心が満たされることはないからです。

一方で、お金のあるなしにかかわらず、とても幸せそうな人たちもいます。

すでにある幸せに気づいていて、幸せの感度の高い人たちです。自分にとって本当に大切なものが何か分かっているからです。そういう人からは感謝があふれていて、心と心が共鳴し、つながりを感じます。

あなたもまた、ずっと「愛」を探していたのかもしれませんね。でも、実際には、あなたそのものが「愛」だったのです。ずっと探していたものは、あなた自身だったのです。自分の外側や、未来や、どこかに幸せがあると錯覚している限りはあなたが本当に満たされることはありません。

パートナーがいてもいなくても、あなたは幸せそのものであり、結婚していてもしていなくても、喜びに満ちあふれる存在だからです。

あなたの望むパートナーを引き寄せる近道は、まずは自分を幸せにすること。
毎瞬毎瞬、ワクワクするほうを選択すること。感謝で満ち足りて、波動を上げること。
波動が高まれば、素晴らしいご縁を引き寄せることができるのです。

自分を喜ばせるヒント14

## 結婚しても幸せ、結婚しなくても幸せ

# 第4章

# 人に喜ばれることをして徳を積む

## 与えるステップ

私のところでは、「徳積み婚活」を独自メソッドとして、
婚活をゲーム感覚で楽しみながら、幸せな結婚へと導くことに成功しています。
一般的にはすり減ることが多い婚活ですが、
「徳を積む」「人を喜ばせる」ということに意識を向けて在り方を変えると、
劇的にうまくいくようになります。
他の結婚相談所で3年活動してもうまくいかなかった人が、
「徳積み婚活」を始めてわずか半年で成婚！　なんてことも珍しくないんですよ。
この章では、恋愛や婚活の古くて新しい楽しみ方、徳積みのメリット、
自分の魅力の気づき方、人を喜ばせるさまざまな方法などをお伝えしていきますね。

# 婚活もゲーム感覚で、徳を積むことを楽しむ

婚活は就活と同様、辛《つら》いと感じる人も多いものです。

たとえば、お見合いのために洋服を買いに行って、メイクも髪の毛もしっかり整えて、いざホテルのラウンジへ。向こうから相手があらわれて、出逢った瞬間に「この人はないか～」と思ってみたところで、居心地の悪さとともに繰り広げられる、当たり障《さわ》りのない会話。偽りの笑顔ももはや限界で、無理した頬が妙に痛む。そんなときほど、断る前に向こうからお断りされたりしてね。

こんなことが何度も繰り返されていくと、身も心もすり減っていくような、何か大切なものを奪われてしまっているような感覚だけが残る。

「私が悪いわけじゃない。縁がなかっただけ」。そんなふうに思い込ませてみたとて、鏡に映るのは疲れ果てた自分。「いったい何やってるんだろう……」。やるせない気持ちも募っていくものです。

しかしながら、結婚相談所を開業する前の私は、婚活をしているみんなが、まさかこんなにも複雑な気持ちを抱えているなんて、恥ずかしながら全く想像できていなかったのです。

私にとって恋愛や結婚はとてもポジティブなイメージで、みんなもっとワクワク・ドキドキして、楽しみながら相手を探していくものだと思っていました。

また、私にとっての結婚生活は、大変なことも多いながらも、学びと成長と喜びにもあふれていて、私自身、かつて味わったことのない幸せも感じていたからです。

「望むすべての人に最高のパートナーを見つけるお手伝いがしたい♡」

喜びとワクワクの動機で始めた結婚相談所だったのに、

「このままではパートナーを見つける前に、みんなが疲弊してしまう」

「婚活をもっと楽しくワクワク進めるためには、どうしたらいいのだろう……」

そんな想いで試行錯誤しながら辿り着いたのが「徳積み婚活」でした。

徳積み婚活は、婚活をうまく成功させるということではなく、「徳を積む」「人を喜ばせる」ということにフォーカスします。メリットはこのようなことが挙げられます。

●婚活そのものが楽しくなる
●自分の才能や魅力に気づく
●自分を大好きになる
●自己肯定感が上がる
●運がどんどんよくなる
●徳が貯まるとミラクルが起こる
●最高のパートナーというギフトを受け取れる

私からすると、徳積み婚活は一石二鳥どころか、一石七鳥にも八鳥にも感じられていて、心底オススメできるメソッドではないかと感じています。クライアントさんからも、今のところ喜びの声しか届いていません。

人を喜ばせるヒント1

## 婚活も仕事も人生も、ゲームみたいにリラックスして楽しもう

## 徳積み婚活の極意

「結果にこだわらず、目の前の人を喜ばせることに集中する」


これが、徳積み婚活の極意です。

たとえ目の前の人が、どのような人だったとしても、苦手だなと感じても、やることは同じです。

人を喜ばせることにテクニックなど一切必要なく、お見合いの一時間だけは、「愛」そのものとして存在するということを意識してみるのです。

● 相手に興味・関心を示して、心を込めて話を聴く
● 自分と相手を同時に喜ばせる
● 起こるすべての出来事を、リラックスしてゲーム感覚で楽しむ

話を否定したり遮ったりせずに、相手に興味を持って、心を込めて話を聴く。分かり合えないことを当然のこととし、相手を理解するための質問をしてみる。上手に話そうとしたり、上手に聴こうとしたりもせずに、沈黙になれば、それすらも楽しむくらいの気持ちでね。

「目の前の人に興味・関心を示し、心を込めて話を聴く」

この特徴は「モテる人」「仕事ができる人」「理想の上司」「賢い子どもを育てる母親」「友達が多い人」。もしかすると、これらのすべての人たちの共通点でもあるのかもしれませんね。

誰もがみんな、自分のことを理解してくれる人、自分のことを認めてくれる人、自分のことを大切にしてくれる人をいつも探していて、自分に興味・関心を示してくれる人のことは、どうしたって好きになってしまうものですから。

ただ、気をつけるべきポイントは、「自分を犠牲にしない」ということ。

とくに優しい人や「誰かの役に立ちたい」「人を助けたい」という想いが強い人ほど、

愛を差し出しているつもりが、犠牲的になってしまうことがあるので要注意です。

優しい人ほど「自分を数に入れる」ことをしっかり意識して、「自分と相手を同時に喜ばせる」ということを楽しんでみてくださいね。

人を喜ばせるヒント2

## 「優しくなりたい」人は、すでに優しいはずだから、犠牲的にならないように気をつけて

# みんな同じような不安を抱えて生きている

38歳・派遣社員の美咲さん。40歳までには結婚し、子どもを産みたいと相談所へ入会されました。

一通りカウンセリングも終えて、システムへのプロフィールの登録をすると、1週間で20名以上のお見合いの申し込みが来ました。

その中からよさそうな方を4人選びお見合いをしてみることにしました。

「徳積み婚活」の極意も理解し、ゲーム感覚で楽しもうと決めてくれていたのですが、不安そうな表情をしています。

――どうしたのですか？　何か不安なことでもあるのですか？

「本当にいい人が見つかるか不安です。それに、実際に会ってみて、ガッカリされたら悲しいし、人見知りだから、初対面の人とうまく話せるかどうかも……。なんか気が重たくなってきました」

わかりますよ。そりゃあ、緊張しますよね。でもね、性格や経験の違いなど、程度の差こそあれ、みんな美咲さんと同じように不安を抱えているんですよ。だから、こちらから先に安心を与えてあげましょう。なるべく結果にはこだわらずに、今、目の前の人を喜ばせることに集中する。それこそが徳積み婚活です！

声が小さくて自信がなさそうな人も、朗らかそうに見えるあの人も、自信満々に見せているこの人も、結局はみんな同じです。

誰もが不安を抱えているし、誰もが同じように自信がないものです。

だから、たとえばね、会話の合間に、こんなふうに伝えてみます。

「私、人見知りで、初対面の方とだと、うまく話すことができなくて、なんだかすみません。今日も朝からとても緊張していたんですけど、○○さんが優しくて穏やかな雰囲気なので、話しやすくて安心しています。ありがとうございます」

こんなふうにね、自分の心の中を正直に分かち合ってみると、緊張感がゆるんでいきます。

そして、さりげなく相手を褒めたり感謝したりしながら、

「あなたが今日のお見合いのお相手でよかったです」

っていうメッセージを込めて、先に安心を与えていくのです。

二人の間の緊張もゆるんで、リラックスして会話ができるようになりますよ。

人を喜ばせるヒント3

## 自分がほしいものを、先に相手に与えてみる

# 与えることで自分の持っている才能に気づく

お見合い結果が、お相手からはすべて交際希望だった美咲さん。4回のお見合いを振り返って、こんなふうに気づきを分かち合ってくれました。

「私、人見知りだと思っていたので、毎回お見合いのときにに相手にもそう伝えていたんです。でも、ほとんどの人が自分のことを人見知りだと感じていることを知って、自分は普通なのかもしれないなって思ったんです。

それに、みんなが私のことを話しやすいって言ってくれたのも、すごくうれしかったし、ちょっと自信になりました。

あと、相手のステキなところを見つけたら伝えてみているのですが、それが結構上手にできているというか……。私は人のいいところを見つけるのが、もしかしたら得意なのかもしれません」

ちょっと照れながらも、うれしそうに話してくれる美咲さん。こうして婚活を通じて自分自身を知っていくこと。自分の魅力を受け取っていくこと。そんな自分のことをまた一つ好きになっていくこと。こんなお手伝いができていることが、私にとっての大きな喜びの一つです。

与えることで、自分の持っている才能や魅力に気づくことができる。そうすると、その才能を使って、どんどん自然に人を喜ばせることができるようになっていく。


「目の前の人が喜んでくれることがうれしい」

「与えられる自分であることがうれしい」


これは私たちに与えられた本能であり、私たちは自分の持って生まれてきた才能を周りの人のために使っていくことに、大きな喜びを感じるようにできていますよね。

また、こちらが与えていくと、相手も同じように与えてくれることに気がつきます。

褒めれば、褒めてもらえる。笑えば、笑い返してくれる。批判すれば、批判されるし。無視すれば、無視される。本当に鏡ですよね。

だから、気づいた人から、ぜひ、先に与えてみてくださいね。

人を喜ばせるヒント4

## 鏡は先に笑わない

## あざとさも「愛」から使うと徳積みになる

「これは、相手を喜ばせるというよりも、もしかしたら、ちょっとあざといのかもしれないのですけど……」

そんな前置きをしてから、美咲さんがステキな喜ばせ方を分かち合ってくれました。

「会話の中の相槌を、全部褒め言葉に変えていくんです！」

——えーっ！　教えて♡

「相手が痛そうな顔や大変そうな顔をしてたら、同じ表情をしながら共感してみたり」

——わー♡　それ、すごくいいね！

「相手の話に深くうなずきながら、時々感心してうなったり、すかさず褒めたり」

——ほー、さすが美咲さんだね。私もいつも気持ちよくなって喋《しゃべ》りすぎちゃってるもんね。

「あなたに興味がありますよって前のめりで話を聞いて、質問を挟みながら、相手の話を広げていくんです」

――すごっ！　それから、それから？

「って、ひとみさんこそ完璧じゃないですか！！！」

――あ、やっぱり？（笑）

世の中には「彼を落とす技術」や、「モテる奥義」や、「褒めるワザ」など、たくさんのテクニックであふれています。駆け引きをして楽しみながら好きな人を振り向かせていくことは恋愛の醍醐味なのかもしれませんね。でも、私はクライアントさんたちに、積極的にテクニックをお伝えすることはほとんどしていません。

「結果にこだわらず、今、目の前にいる人を喜ばせること」

まずは、この「在り方」を大切にしたいからです。

その上で、美咲さんのように、ワクワク楽しみながら「あざとかわいい」テクニックやスキルもちりばめていけたら最高ですよね。

人を喜ばせるヒント5

## 今、目の前にいる人を喜ばせよう

# キャラを演じると人を喜ばせやすくなる

美咲さんのように「人を喜ばせること」そのものを楽しむことができたり、普段から自然にやれている人ももちろんたくさんいますよね。

でも、その一方で難しく感じてしまったり、難しくはないけれど、なんだか小賢《こざか》しく感じてしまったりする人もいますよね。

そんな人にオススメなのが「キャラ婚活」です。

どういうことかというと、たとえば、「ナンバーワン昼キャバ嬢なごみちゃん」とか「高級クラブのママ桜子さん」とか、自分で架空のキャラを設定して、お客様を接客するがごとく目の前の人を喜ばせていく手法です。私も「次回の指名いただいてきてね～」と送り出したりしています（笑）。

この「キャラ婚活」クライアントさんたちにオススメしているのですが、みんなノリノリで楽しんでくれていて、実際にお見合いの結果も、そのほとんどが交際希望になるのです。

たとえば、美咲さんが教えてくれた会話術には、ミラーリング、共感、称賛、質問などが交じっていたと思うのですが、普段あまり取り入れていない人が考えてやろうとすると、ちょっと難しいのかもしれませんよね。

でも「ナンバーワンキャバ嬢なごみちゃん」になりきってしまえば、難しく考えることなく、みんな自然にできてしまうのです。

「ケーキ勧められたけど、この場合って、頼んでもいいの？」
「お会計のとき、お財布って、やっぱり出すべき？」

たとえば、こんな感じの「お見合いあるある」的な、ちょっとした疑問が湧いたときなんかも「かわいく甘えてみよう」とか、「失礼のないように品よく丁寧に」とか、接客ナンバーワンの視点で考えて、対応していくことができるようにもなります。

「そんなの疲れそう」
「嘘をついているようでイヤです」
そんな人もいるかもしれませんね。

でも、実際にやってみるとすぐ分かるのですが、嘘をついているといえるほど、キャラに没頭してしまえる人などなかなかいません。大げさに演じようとしても、もともとの個性が消えてしまうことなどもちろんないのです。

ただ、キャラを演じることで、楽しめるようになったり、緊張がほぐれたり、話しやすくなったりして、結果が変わってくるということは、たくさんのクライアントさんたちが実証してくれています。

もちろん、もし疲れてしまったり、イヤだなと感じれば、すぐにやめてくださいね。目的は、自分自身がワクワクと楽しみながら、目の前の人を喜ばせることだからです。

人を喜ばせるヒント6

## 接客ナンバーワンの視点で考えてみる

# 楽しませてもらおうという気持ちを手放す

お見合いやデートから帰ってくると、いつも怒っている人がいます。そういう人は楽しませてもらおうという気持ちが、ちょっと強すぎるのかもしれませんね。

「自分の話ばかりする」とか「下ネタばかり話す」とか「食べ方が汚い」とかね、自分にとってどうしてもイヤなことを我慢したほうがいいだなんて、私も思ってはいませんよ。

でもね……。

「連れて行ってくれたお店が気に入らなかった」
「レストランを予約してくれていなかった」
「少し遅刻してきた」
「プレゼントがダサすぎた」

たとえば、そういうことですぐイヤになったりしていないで、相手が頑張ってくれた点には、まずは感謝ができるといいですよね。その上で、自分のほうが得意なことは自分でやってみたり、自分がしてほしかったことをかわいく伝えてみたり、ちょっとしたユーモアで相手を諭《さと》してみたりね。

我慢したり、犠牲的になれと言っているわけではもちろんありません。「無理をして、ちょっとだけつきあってみて」と、勧めているわけでもありません。

でもね、「相手が間違っている」と、相手のせいばかりにしていたり、視野が狭くなってしまいすぎているなら、少し視点を変えてみたり、自分の視野や器を広げるチャンスかもしれませんね。

結果、お断りをする場合であっても、こうしてご縁があった方です。これからの相手の婚活や、人生そのものが幸せであることを願い、別れ際にお互いの人生を応援し合えたら、とってもステキですよね。

「ご縁ある人の幸せを願う」

これも最高の徳積みです。

人を喜ばせるヒント7

## 相手が失敗したときこそ徳積みのチャーンス！

# 相手にYESをもらえるようになり、自己肯定感が上がる

「美人じゃないから、モテない」

「スタイルがよくないから、断られる」

「話がつまらないから、好かれない」

「人見知りだから、うまくいかない」

「ガサツだから、気に入ってもらえない」


あなたの思い込み。これらは全部、間違いだったのかもしれませんね。

「結果にこだわらず、目の前の人に喜んでもらうことに集中する」という徳積み婚活では、お見合い後、交際希望の返事ばかりが届くようになります。

見た目がどうだとか、話がうまいとか下手とか、そういうことなんかより「あなたに喜んでほしい」という気持ちが、相手にしっかりと伝わるからです。

人には誰しも相手の心を感じ取るセンサーみたいなものがあって、たとえ耳に心地よい褒め言葉だったとしても、それが自分をコントロールしようとしているものなのか、真心からの言葉なのかは分かってしまうものですよね。

本当は毎瞬、「愛」の状態で存在していられたらいいですよね。ただすれ違うだけの駅員さんにも、コンビニの店員さんにも、清掃員の方にも、警備員さんにも、言葉は交わさなくても「おはようございます」「ありがとうございます」って、ちょっとした言葉や笑顔に、心を込めて。

ただ、みんな日々の仕事のことで頭の中がいっぱいだったり、家族に問題を抱えていたり、人間関係で疲れていたりね。いろいろなことを抱えながら生活していますよね。

だから、婚活をしている人なら、お見合いの一時間だけは「愛」そのものとして存在してみるのです。婚活のみならず「この仕事のときだけ」とか「通勤時間の間」とか、そんな取り組みももちろんオススメです。

まずは目の前の人に愛を差し出して、その人から返してもらおうとしないこと。宇宙銀行に〝貯徳〟しているイメージです。そうしていくことで「個」としての自分が消えて「本当の自分」「愛」と共振・共鳴が起き始める。

自分で行き先をコントロールしようとせずに、大きな流れに信頼して身を委ねればいいのです。どこに連れて行ってもらえるのかは「個」としての自分には分からないけれど、幸せに向かっていることだけは間違いないような、そんな安心感がそこにはあります。ナビゲーターは「魂」で、毎瞬ワクワクのセンサーに導かれて行動していくような、そんな感覚です。

お見合いの返事もＯＫばかりになって、自分に自信もついて自己肯定感も上がります。そして「目の前の人を喜ばせる」ことができる豊かな自分のこともどんどん好きになっていくのです。

そんなふうにしていると ね、もうなんだかすでにとっても幸せで、「結婚なんてしてもしなくても、どちらでもいい」といった状態になっていく。だって、幸せになるためにしたかった結婚だったのに、すでに幸せだったのだと気づいてしまうのですから。

人を喜ばせるヒント8

## 豊かな自分を、ますます好きになる

# こうしてミラクルは起こる

日常の中で、私たちは目の前の出来事に一喜一憂しながら日々を過ごしていますよね。

「こんなところで転ぶなんて最悪だ」
「病気になって、不安しかない……」
「彼氏にフラれた。人生終わった！」

【人間万事塞翁が馬《じんかんばんじさいおうがうま》】人生は、幸せも不幸せも予測ができないということ。
「不幸」に見えることが「幸せ」に転じたり、「最高」だと思っていたことが「最悪」に転じたりすることがあるので、安易に喜んだり悲しんだりすべきではない、というたとえです。

実際のところ、私たちは日常の出来事に一喜一憂しては、ある意味、楽しんでいるわけですけれど、自分自身の勝手な評価や判断が「苦しみ」を生み出しているわけですものね。

美咲さんのその後が、どうなったのかを紹介しますね。

美咲さんもお相手からの交際希望が１００％だったのですが、その中の一人の男性と仮交際に進みました。

「徳積み」を意識した行動と、もともとの素直さと優しさ、そして温かな人柄で、お相手の男性は、美咲さんにどんどん好意を募らせていきました。

美咲さんも丁寧に向き合い、おつきあいを進めていたのですが、やはり彼との「将来のビジョンが描けない」との理由から、お断りすることにしたのです。

１カ月半ほど彼とおつきあいを進めた美咲さんは、「彼の時間を奪ってしまったのではないか」と自分を責めたり。「本当に自分にぴったりの相手なんて見つかるのだろうか」「あと何回お見合いをして、仮交際をする、ということを繰り返せばいいんだろう……」と落ち込み、早くも婚活疲れを起こしていました。

「結果にこだわらず、目の前の人を喜ばせることに集中する」

そう掲げてみても、実際には結果にも凹《へこ》むし、目の前の人を喜ばせるどころか、傷つけてしまったのではないかと、落ち込むことももちろんあるのです。

お断りしてから1週間後、私の電話が鳴りました。美咲さんの交際相手だった男性の仲人さんからです。

「美咲さんのこと、うちの○○からいつも話を聴いていました。優しくてステキな女性で、私もうまくいけばいいなって思っていたんです。だから、今回は本当に残念に思っていたのですけどね。でも、実は美咲さんにピッタリなんじゃないかと思う別の男性会員がうちにおりまして……。一度お見合いしてもらえないかと思うのですが、いかがでしょうか？」

こちらがお断りしたにもかかわらず、こんなうれしいご提案。美咲さんも感謝でお見合いを受けてくれたのですが……。

なんということでしょう。お会いしてみると、美咲さんが「理想の条件リスト」に挙げていた条件そのままの男性です。その後トントンと話は進み、なんと、そこから3カ月後にはステキなプロポーズ。「徳積み」で花開いたのです。

天に徳が貯まると、こうして思いがけないミラクルが起こるのです。私の結婚相談所では、こんなことが頻繁に起きます。

良くも悪くも、私たちはみんな、ミラクルがいつ起こるのかを知りません。だからこそ、なるべく期待は手放して、宇宙の流れを信頼し、日常の中でコツコツと徳を積んでいくことに集中できるといいですね。

ちなみに、美咲さんがお断りした男性も、その後にお見合いした女性とうまくいって、成婚に至ったことを、お相手の仲人さんがこんなうれしい言葉とともに報告してくださいました。

「美咲さんがおつきあいしてくれていたときに、たくさん褒めてくれていて、それで自信がついたみたいです。美咲さんのおかげで彼はすごく成長できたと感じています。本当にありがとうございました」

美咲さん、本当によく頑張りましたね。心よりおめでとうございます。どうか末永くお幸せに♡

人を喜ばせるヒント9

## 誰かを喜ばせたその先で、奇跡が待っている

# 天に徳を貯金する

話は少しさかのぼり、結婚相談所を開業する前のことです。

「平成の花咲爺」竹田和平さんのもとでお手伝いさせていただいていた時期がありました。和平さんは、竹田製菓というお菓子の会社の創業者であり、誰もが一度は口にしたことがあるであろう「タマゴボーロ」は、全国に展開をしている主力商品で、発売当初から今日に至るまで根強い人気で愛されています。

また和平さんは「日本一の個人投資家」「和製ウォーレン・バフェット」とも呼ばれていて、その保有株式時価総額は１００億円超、配当金だけで優に1億円を超えていたともいわれています。

和平さんはとにかく朗らかで人徳があり、各界の成功者たちが和平さんのお話を聞きたいと、全国から毎日のように訪れていました。私も和平さんからたくさんのことを教えていただきました。

その中でも「貯金よりも貯徳が大事」という教えは、私自身はもちろんのこと、私に関わってくれている多くの人たちの人生を豊かにし続けています。

「貯金よりも貯徳が大事なんだがね。お金は来世に持って行けんけどね、今世で積んだ徳は来世に役立つんだがね。だから、私は来世のためにも徳を積んで、魂をぴかぴかに磨いとるんだがね。嘘をついたり、誰かを騙したり、ズルをしたら、絶対にいかん。いつだって、お天道様が見とるがね～」

和平さんは、優しい名古屋弁をしゃべる恵比寿様のようで、そのままアニメのキャラクターにできそうな、とってもチャーミングな方なのです。同じように、「どえりゃー」名古屋弁を話す祖父母が大好きだった私にとって、和平さんの愛あふれる言葉は、自然と心に染み渡っていきました。

祖父母もまた、朝晩に仏壇にお経をあげることが日課で、私も隣にちょこんと座っては「目に見えない存在」に感謝することが当たり前の習慣となっていました。なにより「お天道様が見ているよ」というこのシンプルな教えこそ、私にとっては最も説得力のあるものでした。

あるとき、和平さんにこんな質問をしてみました。

「徳を積むとは、いったいどういうことでしょうか？」

「笑顔であいさつをする。人の喜ぶことをする。人がイヤがることはしない。掃除をする。ゴミを拾う。見返りを求めずに人の役に立つ。応援する。寄付をする。平和を願う。感謝する。不平不満や愚痴を言わない。いつも目の前の人を想って、愛や優しさを差し出す。そういう生き方をしていると、魂が磨かれるんや。あんたも毎日やっとるがね。まさにひとみさんの生き方そのものだがね～」

はい、私、そう言ってもらって、もちろん泣きました（笑）。

今、思い出してみても、和平さんは人を褒める天才だったように思います。いつも惜しみなく愛を差し出しては、目の前の人を喜ばせていました。

私も「あんたの笑顔は最高や」と、お会いするたびに褒めてもらっていました。

人を喜ばせるヒント10

## あなたの笑顔は「どえりゃー」人を幸せにする

# 運の中身は徳分

ビジネスで成功する人や、スポーツで優勝する人、結婚で幸せになる人、はたまた九死に一生を得た人など。みんな同じようなことを言っている気がしませんか。

「自分は運がよかった」

「強運に恵まれた」

「天が味方した」

私は「運の管理学」も学んでいますが、そこでもこのように教えてもらっています。

「運の中身は徳分である。私たちは日々、運を使いながら生きていて、あとどれだけ自分に運が残されているのかを誰も知らない。だから、日常の中で徳を積むことこそ、運をよくしていくために最も大事なことである」

私は成功者と呼ばれる人とのご縁が深いので、この教えは体感としてしっくりきています。徳を積むとは、和平さんも教えてくれているように、どうやら難しく考えなくてもいいみたいです。

●笑顔であいさつする
●人の喜ぶことをして、人がイヤがることはしない
●人をよく観察して褒める
●目の前の人に思いやりや愛を差し出す
●汚れている場所をきれいにする
●人の幸せを祈る
●寄付や募金をする

こうして書き連ねてみても、徳を積むということは全く難しくなく、幼稚園や小学校で教えてもらっていたことばかりですよね。

そして、こんな簡単なことで運までもがよくなるのなら、婚活だけじゃなく、日常の中でコツコツと徳積みをしてみる価値は十分にありそうですよね。

人を喜ばせるヒント11

## あらイヤだ 幼き頃から 知っていた

# 人を喜ばせるためにも、まずは自分を喜ばせる

「私だって笑顔であいさつくらいしています。人に感謝だってしています。でも、全然運がよくないです」

もしかしたらこんなふうに感じている方もいるかもしれませんね。そんな方は、このようなことを自分に問いかけてみてくださいね。

「自分に優しくできていますか？」
「自分を褒めていますか？」
「自分に感謝していますか？」

人の喜ぶことをしても自分の心が満たされないのは、「自己犠牲」になってしまっているからかもしれません。私たちは、自分が満たされていない状態で人を幸せにすることは、残念ながらできないからです。

「こんなにしてあげているのに」

「あなたのために想って行動したのに」

このような言葉が口から出るときは、要注意です。与えるふりをして、奪っている状態だからです。逆に、自分の心が満たされて愛があふれ出しているのに、人に親切にしないことや優しくしないことのほうが難しいのではないかとも感じます。もちろん、見返りを求める必要もまったくない。


「与えられる相手がいることがうれしい」

「与えられる自分であることがうれしい」


このような状況に、感謝があふれ出しているからです。誰かに何かを与えようとするとき、自分が満たされていないと本当の意味で与えることなどできません。

これまで繰り返しお伝えしてきたように、「まずは自分を喜ばせる」「自分で自分を褒める」「自分の好きなことを自分にさせてあげる」ということこそ大切なことなのです。

人を喜ばせるヒント12

## 自分の心が満たされると、喜ばせずにはいられない

## 大切なことは愛や喜びを循環させること

自分の心から愛のエネルギーがあふれ出るようになるためには、「与えること」と「受け取ること」のバランスを整えて、循環させていくことが大切です。

「自分と相手を同時に幸せにする」
「自分と相手を同時に喜ばせる」

この意識の状態はまさに「愛」そのもの。「愛」は最高のヴァイブレーションの波動を放っています。その状態でいることで「個」としての自分が消えて、「本当の自分」「宇宙」と共振・共鳴が起き始めるのです。大きな流れに身を委ねてワクワクするほうを選んでいけば自然とうまくいくのです。

難しく考えなくても、大丈夫です。

●毎瞬、心がワクワクするほうを選ぶ
●まずは自分を幸せにする
●今、目の前にいる人を喜ばせる
●ダメだと思い込んでいる自分を許していく
●ご縁のある人の幸せを願う

こんなことを大切にしながら、まずは目の前の人に愛を差し出して、その人から返してもらおうとしない。そんなことで宇宙銀行に貯徳ができるのです。そうしていくと、「宇宙」「愛」の大きな循環の中に身を置くことができるようになっていく。

天からの「恩恵」の通り道になるような、そんなイメージです。
全体の一部として調和し、大きな流れの中に信頼して身を委ねていくと、インスピレーションやビジョンを受け取れるようになって、進むべき方向も見えてきます。

人を喜ばせるヒント13

## 宇宙の意志と調和して、恩恵の通り道となる

# 第5章

# トラウマから卒業する

## 癒やしのステップ

婚活のプロセスでは、さまざまな問題が起こります。
うまくいかない出来事こそ、神様からのギフトであり、
繰り返されるパターンや心の癖に気づき、
慢性的な問題から卒業するチャンスでもあるのです。
第5章では、婚活中に起こる具体的な事例を提示し、心を癒やす方法と、
問題から軽やかに卒業していく方法をお伝えしていきますね。
読みながら一緒に心を癒やして、
最高のパートナーに愛される準備をしていきましょう。

# 「分かってほしい」と感じたら、自分と相手を同時に理解するチャンス

「彼は女性の気持ちを全然分かってないのです！」

「そもそも、察することができない生き物なのでしょうか？」

「私がどんな気持ちでいるのか、どうして分からないのだろう……」


お見合いやデートから帰ってきて、そんな想いを抱えている女性たちの声、よく聞きます。

男性からすると……、

「いったい何を怒っているんだろう」

「どこがダメだったのかなんてさっぱり分からん」

「言いたいことがあるなら、言葉にしてちゃんと伝えてほしい」


こんなところでしょうか。

男女が分かり合えないのは永遠のテーマで、そもそも同性同士だって、すべてを理解し合えるわけではないですものね。

とくにパートナーには、「あなたにだけは分かってほしい」という強い欲求を抱いてしまうものです。


第2章でも触れさせていただきましたが、「分かってほしい」という気持ちはニーズです。幼少期に両親との関係の中で満たされなかったニーズを、大人になった私たちは、パートナー（上司・友人・社会）に強く求めてしまうのです。

私たちは孤独を怖れていて、「人とつながりたい」という強い欲求を抱えています。だから、いつも自分のことを「分かってくれる人」を探し求めてしまう。

安心感や、つながりを感じたいからです。逆に言えば、自分自身とのつながりが切れてしまっているから、孤独感を生み出しているとも言えるのです。

だからこそ、自分で自分を理解する。自分で自分を受け入れて認めていく。ありのままの自分の価値を受け取る。そのようなことが、とても大切になるのです。

自分自身と深くつながることができるようになっていくと、安心感が生まれて、他人に対して求める気持ちも少なくなっていくものです。

「なんで分かってくれないの？」

こんなふうに感じたときこそ、自分と相手を同時に理解するチャンスです。


「分かってくれない彼を分かろうとする」

「察することができない彼を察する」

「理解不能な行動をする彼を理解しようと努める」


パートナーは鏡です。相手を理解しようとすることが、そのまま自分自身の理解も深めていくのです。

だから、分かり合えないと諦めてしまうのではなく、肩の力を抜いて向き合ってみるのです。大切なことは、責めたり、咎《とが》めたり、追い詰めたりしないこと。深刻さを手放して、お互いに理解し合おうと努めてみるのです。


「先に相手を理解すると、相手からも理解される」

これは、パートナーシップのみならず、人間関係の基本ともいえますよね。

そして、パートナーを選ぶ際には、「私のすべてを分かってくれる人」かどうかではなく、「私のことを理解しようとしてくれる人」かどうかを判断基準にしてみるのもいいかもしれませんね。相手もまた同じように、自分のことを理解しようとしてくれる人を求めているはずです。

トラウマから卒業するヒント *1*

## 「分かってほしい」と憤るときには、先に相手を理解してみよう

## 「ひどい！　ありえない！」と傷つく体験は、未完了の感情を手放すチャンス

恋愛について回るのがハートブレイクですよね。婚活でも交際がスタートして、とても楽しくデートを繰り返していたのに、突然、お断りされてしまうことがあります。

「ひどい！　ありえない！　何が間違っていたのだろう。もっと早く言ってほしかった。今までの時間を返してほしい」

期待していた分だけ、頑張っていた分だけ、彼を大好きだった分だけ、すごく傷つきますよね。みじめさを感じるかもしれないし、怒りだったり、寂しさだったり、悲しみだったりね。いろんな感情が渦巻いてくるものです。

ネガティブな感情を感じることはとても辛いし苦しいですけれど、心に蓋《ふた》をしたりせずに、なるべく感じて開放していけるといいですね。

ケガをしたときと似ていて、自立できていて大人な女性ほど、何事もなかったかのように、すぐに立ち直ろうとしたり、大丈夫なふりをして日常に戻ろうとしてしまいます。

でもね、傷口が癒えていなくて、まだまだ動ける状態じゃないときは、なかったことにせずに「痛いなぁ」「辛いなぁ」「悲しいなぁ」って、自分の心と向き合い感情を感じてあげること。そして、傷が癒えるまでしっかりと休息することがとても大切なのです。

友達に聞いてもらったり、ペットに癒やしてもらったり、日記をつけてみたり。こんなときこそ、プロのカウンセラーさんに頼るのもいいですね。私も婚活中のクライアントさんには、少しの間、休むことを勧めることもあります。

良い・悪いや、正しい・間違いで、判断しないようになるべく気をつけて、現実をただありのままに受け止めていく。とっても難しいですよね。でも、抗《あらが》わずに受け入れていくのです。

加害者にも、被害者にもならず、ドラマにも浸り込まずに。だって、いつだって「あなたは悪くない」のと同時に「相手も悪くない」のですから。そして、たとえ相手に傷つけられたと感じていても、そのようなことであなたの価値は損なわれることなどないし、あなたの魅力が失われることもないのです。

こうして大きな出来事が起きて、感情が揺さぶられるときは、過去のハートブレイクを一緒に癒やすチャンスなのです。

私たちは過去にも、同じように傷ついた体験を何度もしていて、未完了の感情を心の奥底に隠しているものです。だから、今、目の前で起きている出来事に感謝して、未完了の感情も一緒に解放していくのです。

私たちは「自分の思い通りに物事が運ぶこと」「今の幸せがこのまま変わらずに続くこと」をいつも願ってしまいます。でも残念ながらありとあらゆることが変化しています。諸行無常は世の常ですものね。だから、変化を嫌うのではなく、傷つくことを怖れるのではなく、たとえば、こんなふうにね。

「何が起きても、大丈夫な自分である」
「たとえ傷ついたとしても、大丈夫だと知る」

こんなときほど、自分自身との絆《きずな》や信頼を深めるチャンスでもあるのです。
自分としっかりつながり「何が起きても大丈夫」なのだと、安心できるといいですね。

トラウマから卒業するヒント2

## 傷ついたときには、心の奥に隠していた未完了の感情も一緒に解放しよう

## 「負けたくない！」という競争心に気づいたら、本当の目的を思い出すチャンス

「今回もやっぱりお断りします」

半年ほど婚活を続けている早紀さん（39歳）、今回で何回目でしょうか。

早紀さんは、いわゆるバリキャリで、大手機械メーカーの研究開発をされていました。

平日は残業で遅くなることもあり、土日には趣味の山登り。残りの時間で頑張ってお見合いをしていました。

――なかなかいいと思える人はいませんか？

「そうですね……。ピンとくる人がいないというか……なんかもう人を好きになる感覚も分からなくなっているのかもしれません。妹が2年前に結婚しているのですが、相手がお医者さんで、しかも優しくていい人なんです。半年前に子どもも生まれて、なんかすごく幸せそうで。妹の旦那さんほどの人じゃなくてもいいのですが、そういういい人がいたらなぁと……」

――なるほど、そうだったのですね。妹さんには負けたくないって感じなのですか？

「負けたくないわけじゃないのですけど……。昔から妹は要領がよくて、いつも私ばっかり叱られていたんです。妹は甘え上手で、世渡り上手で、両親もいつも妹には甘くて、ズルいなって感じていました。結局は結婚まで先を越されちゃって、両親には孫の顔も見せられて、自分だけ親孝行もして。姉としては、なんだかなって、ちょっと複雑な気持ちなんです」

こうして話を聞かせてもらうことで、早紀さんと妹さんとの間には、隠れた競争が見えてきました。

競争や比較は、両親から精神的に自立していく思春期頃から強くなっていきます。

「あの子には勉強も運動も負けてるな……」

「この子はモテるけど、私は全然モテていない」

「〇〇ちゃんだけには、絶対負けたくない」

早紀さんの両親がそうだったかは分かりませんが、実際に多くの人が、両親や先生や周りの人たちに、比較されていると感じながら育ってきたのではないでしょうか。

たとえ比較されたとしても、自分で自分を認められていたり、自己肯定感が高ければ、「人は人、自分は自分」と受け止められるものです。ただ、早紀さんのように、人と比較することで傷ついたり、競争で負けることで落ち込んだりして自信を失ってしまうことも多々あるものです。


私たちには「自分だけは、特別に愛されたい」というニーズもあります。知らず知らずのうちに、両親や、他の誰かの愛を巡って「より特別になろう」「より勝っている感を出そう」という気持ちを持ち、そのまま成長していくのです。

たとえば、婚活における「競争」の事例は、このようなことがあります。


「この年まで結婚しなかったのだから、こんなところで妥協したくない」

「仲良しの5人グループで結婚していない人はあと2人だから、せめてその子だけには負けたくない」

「友達に笑われそうなダサい旦那はイヤだ」

気持ちは理解できなくもありませんが、たとえ競争に勝ったとしても、その先に幸せがあるわけではありません。誰かと競争していると気づいたら、こんなふうに自分に問うてみてくださいね。

「勝ちたいの？　幸せになりたいの？」

トラウマから卒業するヒント3

## 競争を超えて、幸せになることを目指そう

# 「自分の思い通りにしたい！」と思ったら、コントロールを手放すチャンス

早紀さんには、妹さんと直接会って話をしてきてもらい、後日、そのことを分かち合っていただきました。

「妹に小さい頃から、あんたはズルかった！　正直、嫉妬してた！　先に結婚して羨《うらや》ましい！　って、もうこの際だし、本音でズバズバと話してきました。

そうしたら、『お姉ちゃん、バカなの？　私こそ勉強ができるお姉ちゃんと比較されてすごく嫌だった！　友達からも〝お姉ちゃんはかわいいね〟とかって比べられて。こっちこそ、すごくコンプレックスだったわ！　いまさらバカみたいなこと言ってないで、早く結婚しろ！　私はお姉ちゃんと一緒に子育てしたいと思ってるのに!!』って、怒られました」

――えーーーーっ。それで早紀さんは、そんな妹さんをどう感じたのですか？

「何をこだわってたんだろう……って。私は本当にバカだったのかもしれないなって、な

んか笑えてきて。妹に、私に合う相手はどんな人か聞いてみたんです。『お姉ちゃんは私と違って仕事もできるし、そもそも結婚しても仕事を続けるんでしょ。年収も高いし、すごくイキイキして楽しそうだし、私も仕事はやめないほうがいいと思う。だから、相手は仕事続けることを応援してくれて、家事も分担してくれる優しい人だったら、もう誰でもいいじゃん』って。

これ、そういえば、ひとみさんも同じようなことを言ってくれていましたよね。『お姉ちゃんはそもそも男を見る目もないんだから、よく分からなかったら連れてきて。私が判断してあげる』って、笑われました」

早紀さん、妹さんと本音で話ができて本当によかったですね。

妹さんが言うように、お相手は、「仕事に理解があって、家事を分担してくれる優しい人」。それ以外の条件は、やっぱり少しゆるめてもいいのかもしれませんね。

そして、これからは自分だけで判断せずに、妹さんや友達、私の意見なんかもぜひ参考にしてみてくださいね。

自立していてしっかりしている人ほど、人に頼らずに自分のやり方でやろうとしてしまいます。

でも、もう少し肩の力を抜いて、コントロールを手放して、大きな流れを信頼して身を委ねていけるといいですね。

トラウマから卒業するヒント4

## コントロールを手放して、リラックスして流れに身を委ねてみよう

## 「信頼して大丈夫？」と慎重すぎる自分に気づいたら、完璧主義を手放すチャンス

完璧主義だった早紀さんは、婚活を開始する前「理想のパートナーの条件」を誰よりも多く、書き出していました。

でも、自分が本当に求めているものが見えてきた早紀さんは、こんなふうにビジョンを描き直し、ビジョンマップも作り直しました。

- 家事を分担して、お互いに応援と協力し合える優しいパートナーを見つける
- 新婚旅行はハワイに行く
- 結婚指輪はカルティエをおねだりする
- 新居は２ＬＤＫの新築
- 結婚したら、妹家族と一緒に東京ディズニーランドに行く

婚活をリスタートして、３人目のお見合いで、早紀さんと同じ大学出身の不動産関連に

お勤めの会社員の方と、お見合いで意気投合して、仮交際に進むことにしました。

食事だけのデートを経て、一日お出かけしてみたり、お酒も一緒に飲んでみたりと、気持ちも高まっていくのと比例するように、早紀さんの不安は増していきました。

「貯蓄額って、聞いてもいいんでしょうか」

「話を聞いていると、両親とあんまり仲良くないかもしれないですけど、そういう人って、何か問題があるんでしょうか……」

「時々ごまかすような気がするんですけど、信用に値する人なのでしょうか……」

もちろん大切なことは確認をしておいたほうがいいですし、焦って決めることもありません。

ただ、不安や怖れが、せっかくうまく進んでいる関係にブレーキをかけてしまう。「アレもコレもソレも……」と、石橋を叩きすぎて壊してしまったら、それこそ本末転倒ですよね。

早紀さんは完璧主義で心配性なところがあると、初回のカウンセリングで話されていました。

完璧主義の良い面は、プロ意識や向上心が高く、人からの評価を得られやすいことなどが挙げられますよね。一方で悪い面はというと、完璧を目指すがあまり、自分にも人にも厳しくなりすぎてしまうことなどです。

完璧主義に限らず、魅力や才能には、それぞれ良い面と悪い面の両極があります。だからこそ、まずは自分の良いところをしっかり認めていくことが大切です。

そして、その上で自分の本当の気持ちを探ってみる。怖れの正体が見えてくると、手放す準備ができるからです。

「うまく進むことで怖れていることがあるとしたら、どんなことだろう……」

こんなふうに、自分の心と向き合ってみるのです。そして、自分自身の器を広げて「寛容さ」も意識できるようになると、とってもいいですよね。

「完璧じゃなくてもいいし、失敗してもいい」

そんなふうにして、自分に優しくして、どんどんゆるめていけるといいですね。

さて、早紀さんはお相手を妹さんに紹介することにしました。妹さんと彼の音楽の趣味が合い、話がすごく盛り上がったようです。初回にもかかわらず、夜遅くまでみんなでお酒を飲みながら、とても楽しく過ごせたとうれしそうに報告してくれました。

その後、ご両親との顔合わせも無事にすませて、晴れてご成婚となりました。早紀さん、本当におめでとうございます！　末永くお幸せに♡

トラウマから卒業するヒント5

## 完璧主義を手放して「寛容さ」を意識してみよう

# 「気持ち悪い」相手に嫌悪感を抱いたら、自分を好きになるチャンス

「清潔感がなくてイヤだった」

「話し方が威圧的に感じた」

「店員さんにデレデレして気持ち悪かった」

お見合いや交際をお断りする理由はさまざまですが、こうして嫌悪感を抱くときには「投影」を取り戻して、また一つ自分を好きになるチャンスなのです。

「投影」とは、自分の心の中を外の世界に映し出すということで、心理学では基礎となる考え方です。

たとえば、「気持ち悪い」「この人、苦手」「こういう人、大嫌い」と感じたときに、その性質は自分にはないと思い込んでいますが、実は自分の中にある抑圧している自己概念を映し出していると捉えていくのです。私たちは自分の中にないものに反応することができないのです。

ここで舞さん（29歳）の事例をご紹介しますね。舞さんが仮交際をしていた彼をお断りする理由は、このようなことでした。

「店員さんに対してちょっと偉そうというか、態度が悪いというか……。車の運転のときにもイライラしたり、クラクションを鳴らしたりするのが、すごくイヤで……」

対する舞さんはというと、とても穏やかな人柄で、「人に意見をしたり、後輩を指導することもちょっと苦手なんです」と話していて、真面目な優等生タイプなのです。

これが舞さんの投影だとすると、「怒りっぽい自分」「威圧的な自分」は、抑圧している自己概念だというふうに捉えることができます。

自分の中にもそういう性質がある。でも、自分がその性質を嫌っているから、その性質を持つ相手に対して嫌悪感を抱く、という分析ができるのです。

そして、自分がその性質を嫌っているので、その性質が表に出てこないように、普段は「穏やかで平和主義である」ということを頑張って演じている、ともいえます。

「怒りっぽい人」は自分とは真逆の人だと思い込むことで、自分の中のその性質を否定し、隠そうとしているのです。

「私は怒ったことがないってことにしていただけで、本当はいつも怒っていたかもしれないってことですか？」

表情に驚きを隠せないながらも、なんとか受け入れようとする舞さん。まずは、こうして自分の大嫌いな人の性質は、自分の抑圧していた性質だったのかもしれないな、と気がつくことが最初の段階です。

「いつも穏やかで優しい舞さんはとってもステキですけど……。たまには人に対して怒ったり、感情的になってもいいのですよ。イライラだって、そりゃあしますよ。私なんて、毎日子どもたちに怒っちゃってますよ～」

舞さんの目から、大粒の涙があふれます。頑張り屋さんの人ほど、肩の力を抜くことはとても難しい。ゆるめたことなどないのだから、ゆるめるということが分からなくて当然のことですけどね。

「私、頑張ってきたんだなぁ」
「そりゃあ、怒ってもいいよなぁ」
「私って人間らしくて、すごくかわいいじゃん」

そんなふうに、自分が嫌っていた性質を受け入れて、自分のことを笑えるようになれば、相手のことも簡単に許していけるようになります。

ただ、おつきあいしている場合は、相手のイヤな性質を受け入れ許すことと、交際を継続していくことは、全く別のことですので、そこはしっかりと分けて考えていかなくてはいけないですけどね。

その上で、舞さんには、もう少し踏み込んだ質問をしてみました。

——舞さんの周りで、いつも怒っていたり、威圧的にふるまっていた人はいましたか？

「そう言われてみれば……。父はイライラしていることが多くて、威圧的な人で、母も私も、いつも父の顔色を窺っては、怒らせないようにビクビクして過ごしていました」

舞さんのように、父親であったり、母親であったり、兄弟や祖父母、友人、先生、元カレなど、ケースはさまざまです。

心理カウンセリングでは、こういったアプローチで、両親や周りの人との関係を丁寧に見つめながら、心を癒やしていきます。

「許し」の効果は絶大で、人生に大きな変化をもたらしますし、隠された問題の下には、素晴らしいギフトが隠されているのです。

トラウマから卒業するヒント6

## 抑圧していた自己概念に気づいたら、頑張ってきた自分を少しゆるめてみよう

## 「期待に応えなきゃ」と感じたら、他人の目から卒業するチャンス

「父は酒癖が悪くて、仕事を転々とするような人でした。おそらくお金にもだらしがなかったように思います。母は看護師で夜勤もあって、仕事がすごく忙しかったんです。でも、手のかかる父の世話と、家事と育児もすべて一人でやっていました。私も5、6年生くらいからは、母の役に立とうと夜ごはんを作ったり、洗濯をしたりと、頑張っていたんです。実際には母の役に立てたのかどうかも正直、分かりませんけど。思春期に入って、母とぶつかることも増えて、関係が悪くなってしまいました」

――なるほど。少しでも役に立って、お母さんを助けてあげたかったのですね。中学高校時代は、グレるようなことはなかったのですか？

「学校では今のイメージのままの優等生タイプで、実際に学級委員長もやっていました。部活も勉強も自主的に頑張っていたので、きっと先生から見ても扱いやすい生徒だったのじゃないかと思います」

舞さんもまさにそうですが、真面目な優等生タイプの方というのは、こうして周りの人たちが何を望んでいるのかを察して、期待に応えようとしてしまいます。

無意識に自分よりも周りの人たちを優先してしまうのですが、あまりに自然にやれてしまうので、自分でも無理をしていることに気づきにくいのです。

- 自分の気持ちよりも他人の気持ちを優先しようとする
- 周りに迷惑をかけないようにふるまってしまう
- 周りの人の期待に応えようとする

そうすることで、こんな負のループにはまってしまう。

- 周りの人の役に立って喜ばれる
- 喜んでもらえることで、さらに期待に応えようとして頑張ってしまう
- 自分が役に立つことが存在意義のように思えて、やめられなくなる

それだけポテンシャルが高いともいえるのですが、自分よりも人の気持ちを優先しすぎ

て「自分の本当の気持ち」が分からなくなってしまって、心が疲弊してしまうのです。

舞さんもそうですが、真面目な人ほど、頑張って両親や周りの期待に応えようとしてしまいます。

できたこともたくさんあるのに、できなかったことばかりに目が行く。自分で自分を認めることができずに、無価値感や罪悪感を募らせていってしまうのです。

トラウマから卒業するヒント7

## 他人を大切にするのと同じくらい、自分のことも大切にしよう

## 「こんな私が幸せになっていいの？」と自分を責めたくなったら、自分を許すチャンス

他のクライアントさんと同様に舞さんも、もともとの優しい人柄と「徳積み」を意識したお見合いでは、お相手から断られることは、ほぼありませんでした。

「次も会ってみよう」と仮交際には積極的に進んでいましたが、お断りする際に、いつも強い罪悪感を抱いているようでした。

カウンセリングの際に、こんなことを話してくれました。

「実は私には結婚を約束していた彼がいたんです。でも、当時勤めていた職場で好きな人ができてしまって……。その人は既婚者だったのですけど、どうしても気持ちを抑えられなくなってしまったのです」

――婚約していた彼とは、どうなったのですか？

「つきあっていた彼には嘘をつくのが苦しかったので、全部話して別れたんです。結局、その後、不倫関係もすぐに終わってしまって……。優しい人だったのに、そんな彼を裏切

って、なんてひどいことをしたんだろうって。いまだに後悔してるんです」

舞さんのように断るのが苦手な人の中には、罪悪感を強く抱えている人が少なくありません。

そして、罪悪感を抱えていると「自分は罪深い人間だ。だから幸せになってはいけない。罰を受けなければいけない」と、深いところでそのように思い込んでいて、自分が幸せになることを阻止してしまうこともあります。

また、うまくいきそうになると自ら壊してしまいたくなる心理や、現実に自分を罰するような出来事を引き起こしてしまうこと、自分で自分を傷つけてしまうことなどは、罪悪感が潜在意識に深く入り込んでいるから起こるのかもしれません。

——彼はその後どう過ごしているのかを、ご存じですか？

「連絡先をすべて削除してしまったので、まったく知らないのです」

——共通の知り合いはいますか？　ＳＮＳはどうでしょう。少し怖いかもしれませんけど、彼が今どうしているか、ちょっと調べてみましょうか。

少し経って、舞さんから連絡がきました。

「彼は結婚して、男の子のパパになっていました。共通の知人の話だと、すごく幸せに過ごしているようでした」

――それはよかったですね。彼は舞さんのことを恨んでいると思いますか？

「………、どうでしょう……。本当の気持ちはもちろん分かりませんが、すごく優しい人だったし、別れるときも私を責めるどころか、私の幸せを願ってくれていました。当時から子どもも欲しがっていたので、幸せになっているなら、もしかしたら私に感謝してくれているのかもしれません。でも、こんな私に愛される価値なんてあるのでしょうか……」


たとえ相手が自分を許してくれていたとしても、自分が自分のことを責め続けていたのでは、心が癒やされることもなければ、現実が変わることもありません。

自分で自分を許していくことは、とても難しいかもしれませんね。

でも、こうして少し怖くても、現実を直視してみる。そして、前に進む意欲を持つことで、罪悪感を癒やしていくことができるのです。

トラウマから卒業するヒント8

## 「自分を幸せにする」と決意して、前に進む意欲を持とう

## 「どうせ私なんて…」と感じたら、無価値感を癒やすチャンス

舞さんのように、「自分は愛される価値なんてない」と思い込んでいる感情のことを、無価値感と呼びます。無価値感は、罪悪感と同様に、犠牲や自己攻撃、自己卑下や自己嫌悪、劣等感や嫉妬などの行動や感情を生み出しています。

罪悪感の強い人は、無価値感も強いものです。ただ、無価値感と罪悪感は同時に癒やすことができるのです。第2章でも書かせていただきましたが、無価値感を癒やしていくにはいくつもの方法があります。

- 小さい頃の傷ついた体験を癒やす
- ダメだと思い込んでいる自分を許す
- 自分の価値を受け取る
- 人からの褒め言葉を受け取る
- 自分で自分を褒める

そして、罪悪感と無価値観を癒やしていくのに、とても効果的なのが「感謝の手紙」を書くことなのです。

舞さんには「出さない手紙」を書くことを提案しました。

実際に出すわけではないので、文章は支離滅裂でまとまっていなくても大丈夫です。誰かに見せるわけでもないので、同じことを繰り返してしまっても、字が汚くても、どんなにネガティブなことを書いてしまってもかまいません。一人静かに向き合える環境を整えて、便箋かノートを用意して、心の中に湧き上がってくる言葉をただ書き綴っていくのです。

舞さんにはまず、元彼に手紙を書いてもらいました。最初は書こうと思っても、ただ涙があふれるばかりで言葉にならなかったようでしたが、自分がこんなにも申し訳ない気持ちでいたことと、別れてしまったことを後悔しているズルい気持ちがあったことに驚いたとも、あとから話してくれました。

一人でできるとはいえ、とてもエネルギーを使うワークですが、心を癒やすにはとても効果が高いのです。

舞さんには、両親への手紙を書いてみることも提案しました。取り組んでくれた直後、こんなメッセージを送ってくれました。

「ひとみさん、本当にありがとうございました。両親への手紙を書いているときに、感情がぐちゃぐちゃになって、全然まとまらなくて……。途中から、ごめんなさい、ごめんなさい、ごめんなさい……って、自分でも驚くほど涙があふれてきました。

気持ちが落ち着いたら、今度は涙と一緒に感謝があふれてきて、実際にこの想いを手紙にして渡したいという気持ちが湧き上がってきたのです。

ちょうど母の誕生日が近かったので、おめでとうと一緒に、今まで伝えたことのない感謝の気持ちと、親孝行できていない謝罪や、母の望むような娘になれていなくてごめんなさいって、そんなことを書いてみました。

母がどう思うかは全くわかりませんけど、こうして手紙を書いて、実際に出すことができた自分を褒めてあげたいです」

後日お母様からお返事が来ました。そのときもうれしそうに見せてくれたのですが、今回は私がこうして本を書くにあたり、再度手紙を拝見させていただきました。舞さんには許可を得て、その一部をここに掲載させていただきます。

「舞ちゃん、お手紙本当にありがとう。あの頃は私もまだ若くて、はじめての子育てと、家事と仕事で、必死すぎて訳も分からず、今になってようやく自分は母親として、とても未熟だったのだろうと気がつきます。

もっとあなたの気持ちに寄り添ってあげたらよかった。もっとあなたを褒めてあげればよかった。もっとあなたを抱きしめてあげればよかった。今ではそんなふうに後悔することもあります。

結婚していなくて申し訳ないと書いてあったけど、そんなことは本当にどちらでもいいのです。あなたがただ笑って、毎日幸せに過ごしていてくれることが最大の親孝行です。近いうちにぜひ帰ってきてください。あなたの大好物だった餃子《ぎょうざ》を作って待っています」


舞さんは勇気を持って、直接向き合うことを選んだのですが「出さない手紙」なので、もちろん出さなくてもいいのです。ただ、こうしてあふれ出る「感謝」が、心を深く癒やしてくれるのです。


その後、舞さんは「結婚相手を紹介して、喜んでくれている両親」のビジョンを描き直し、その通りの現実を引き寄せることができました。

実際に、両親とパートナーが一緒に映る写真を私にも送ってくれたのですが、舞さんやご両親の表情からは喜びがあふれていました。
このような報告が、私にとっても何よりの喜びです。

心を癒やすと、現実が変化し、ミラクルを受け取れるのです。

トラウマから卒業するヒント9

## 感謝の手紙は最強の癒やしのツール、出さなくてもいいので書いてみよう

## すべての問題は、幸せに気づくために起きている

私たちの人生はこうして毎日、展開しています。時々問題だと感じることが起きては、一喜一憂していますよね。でも、クライアントさんたちが、問題はチャンスでしかないことを日々証明してくれています。

●問題は、自分をより幸せにするために起こる
●問題は、人生をさらに豊かにするために起こる
●問題は、自分自身や大切な人との信頼関係やつながりを深める
●問題は、自分の器を広げ成長させてくれる
●問題は、自分の本音に気づかせてくれる
●問題は、創造性を刺激し新しいアイデアを生み出す

私の半生も、ご多分に漏れず問題や事件の連続でした。

「裏切られた」と嘆いた出来事も……

「人生終わった」と途方に暮れた日も……

「どうやって乗り越えたらいいか分からない」と絶望した時期も……

「絶対に立ち直れない」と悲しみに埋もれたときも……

過ぎ去ってみれば、すべてが「おかげさま」な出来事に変容し、あの頃より成長した自分が今ここにいます。


「問題だと思っていたことが、問題じゃなくなる」

「問題だと思っていたことが、新しいステージに押し上げてくれる」


近視眼的に人生を切り取るのではなく、より俯瞰《ふかん》して人生を眺めていけるような、そんなお手伝いができるよう日々心がけています。

トラウマから卒業するヒント10

## この現実があなたにどう見えていたとしても、すべてはうまくいっている

# 第6章

# 自分の人生を楽しむ

## 愛されるステップ

最高のパートナーに愛される準備が整って、粛々と動けるようになってきたら、
あとは期待を手放して、日々を楽しんでいきましょう。
パートナーがいても、いなくても、
人生の目的は最大限に自分自身を楽しむことだからです。
第6章では、自分の人生を楽しむ方法を、さまざまな角度からお伝えしていきますね。
現実はすぐに変わらなくても、捉え方や考え方は、今すぐに変えることができて、
自分を今すぐ楽しむことができます。
結局は、自分自身の人生を楽しむことこそ、
最高のパートナーに愛される近道なのです。

# ご縁を紡いでいく

「おめでとうおばさん♡」

私、友達からは親愛を込めて、こう呼ばれています（笑）。

「おめでとう」を言いたすぎて、いつも前のめりで「おめでとう」の瞬間を待っています。

そして、「おめでとう」の機会損失を厳しく取り締まっています。

「はっ？　アンタ、何やってんの⁇　今おめでとうチャンスあったよね？」

はい、ちょっとウザいですよね。これでも自覚はしているのです。


そんな私は、結婚相談所を始める前から、ご縁結びをなぜだか自分の役割としていたのです。ええ、そうです。誰にも頼まれてもいないのに、です（笑）。

「あの子とこの子、合うんじゃないかしら？」

「〇〇ちゃんに合う子、あなたの周りにいたりしない？」

「ねぇねぇ、よかったら、ちょっと会ってみない？」

相当なお節介ですよね。でも、今やそのお節介が仕事になって。心から喜ばれて、お節介もし放題で、「おめでとう」も言いたい放題。そして、感謝が循環してお金までいただけちゃうなんて、私にとっては喜びの極みです。

よくそうして、押しつけ……、いや、「善意」の名のもとに紹介していたからこそ、気がつくことがあるのですけどね。

それは「ご縁に恵まれない」と嘆いている人ほど、ご縁を大切にしていないのではないかということ。

——合いそうな人がいるんだけど、ちょっと会ってみない？

「それって、どういう人？　年収は？　仕事は？　人柄は？」

——うーん、私も詳しくは分からないんだけど……。来週の水曜日は空いてない？

「その日はネイルの予約してるから無理だわ〜」

本当は簡単に断ったりせずに、そして条件や損得で考えずに、いったんは受け取ってみるといいですね。

その上で、その男性とは合わなくてもね、せっかくのご縁ですもの、しっかりつながり、広げていけたらいいですよね。情報交換をしてみたり、お互いに独身の友達を誘って食事会をしてみたりね。

誰と、どのようなご縁につながっているかはもちろん分からないけれど、新しいご縁の先には、いつだって、さらなる新しい出逢いが待っているからです。

すべての出逢いはご縁によってできています。

だからこそ、目先の損得で考えすぎずに、すでに与えられているご縁をちゃんと大切にして、育んでみるのです。

今、目の前にいる人と丁寧に関わり、大切にしてみてください。ご縁は次のご縁へとつながっていきます。

ステキな人の周りには、例外なくステキな人であふれているものです。

自分の人生を楽しむヒント1

## すでにあるご縁を大切にして、ご縁に導かれてみる

# 幸せなふりをやめてみる

「結婚しないの？」

「さみしくないの？」

「この先も、ずっと一人でいるつもり？」

独身でいると、こんなことを聞かれることも多くてウンザリするのだと、婚活相談に来てくれた三久さん（41歳）が本音で話してくれたことがありました。

「毎回、同じようなことを人に聞かれて、大きなお世話だと感じてイヤになるときがあるのです。もちろん一人でいて寂しいと思う日もあるし、誰かいい人がいたら、私だって結婚していたと思うんですけど。でも、結果、今一人で過ごしているから、私なりに自分の幸せと向き合っているつもりなんです。それなのに、時々、上から目線で、一人でかわいそうみたいに見られることに正直、ウンザリしています」

――そりゃそうですよね。寂しいときももちろんあるかもしれないけど、そんなの結婚をしていても、独身でも同じことですよね。それに寂しくても、大変だったとしても、それがかわいそうなわけでも、不幸なわけでもないですもんね。

「そうなんですよ。でも、そうやって、人からよけいな詮索をされないように、ましてやかわいそうだなんて思われないように、ある意味、ずっと虚勢を張って、幸せなふりをし続けてきちゃったのかもしれません。だから、こんなにも疲れているのかも……」

――三久さんの場合は一人の時間を十分に楽しんできて、いい意味で飽きたのかもしれませんね。ここからは、今まで体験したことがないことを自分に体験させてあげたいって感じですか？

「飽きた!?　本当にそうなのかもしれません!!　ある意味、独身はやり切ったというか。私、一人で過ごすことに飽きていたんですね!!!」

自分の本音に触れて、一人楽しそうな三久さんをよそに、私の心には動揺が広がっていました。だって、私こそ最たる「お節介おばちゃん」だからです。

「ゴルフしないなんて、もったいない」

「お酒を飲まないなんて、人生の半分、損してるよ」

たとえば、ゴルフ好きの上司や、酒豪の友人にこんなふうに言われるときには。

「はっ？　もったいなくないわ！」

そんなふうに怒っていた私でしたが……。

こうして仕事にしてしまうほど、人生において「パートナーシップを持つ」という体験が素晴らしいと感じていた私は、知らず知らずのうちにたくさんの人に自分の価値観を押し付けては、ウンザリさせてしまっていたかもしれないと、三久さんの話を聞いて感じていたからです。

「いや、でも、私の前にあらわれるってことは、背中を押してほしいことが多々あるわけで……。そこはそういう役割を果たしているとも言えなくもないか……」

なんてグルグルモヤモヤと頭の中で、言い訳や反省をしてみたりしている私の前で、三久さんは突如、こう宣言しました。

「私、幸せなふりをするの、もうやめます！

これからは、パートナーについて聞かれたら、一人はもう飽きたから、誰かいい人いたら紹介してくださいい♡　って、素直にお願いしてみまーす」

なんと！　三久さん素晴らしすぎます。じゃあ、私も乗っかって♡
「私は、これからもガンガンお節介していきます！
結婚するかしないかで迷っている（ビビッてる）人がいたら、躊躇《ちゅうちょ》せず背中を押していきまーす！」

自分の人生を楽しむヒント2

## まずは幸せなふりをやめてみる

# 今、この瞬間を楽しむ

人生は「今」の連続です。だから、「今」さえ幸せなら、人生というのは、本当はずっと幸せなはずですよね。今の自分が「心地よい」状態でいること以上に大切なことはなく、その波動が幸せな未来を引き寄せていくのです。

「今、この瞬間にリラックスしてくつろぐ」

- 鼻歌をうたいながら部屋を掃除する
- 好きな音楽をかけて読みたかった本を読む
- 自分の心がワクワクする場所に出かける

自分がやりたいことをやっているときは「誰かに幸せにしてもらいたい」などと思ってもいないし、心地よい幸せな気分ですよね。特別なことや、何か大きなことをする必要もなければ、誰かによく見せる必要もありません。

「今日は何したい？」

「どんな服を着る気分？」

「どこに行く？」

仕事に出かける日も、

「どの道を通りたい？」

「音楽は何を聴く？」

「ランチは何にする？」


日常の中にちょっとした楽しみや小さな幸せを探す。まるで今日初めて、この「自分」の中に入ったみたいに。毎日、毎瞬、新鮮な気持ちで自分自身を楽しんでいけるといいですね。

自分の人生を楽しむヒント3

## 今、この瞬間にリラックスしてくつろぐ

# ファーストインプレッションを大切にする

「楽しそう！」

「ワクワクする！」

「ステキ！」

「やってみたい！」

「行ってみたい！」

こんなふうな気持ちが心に湧くのと同時に、瞬時に打ち消してはいませんか？


「でも、お金かかるしな……」

「だって、時間もないわ……」

「やっぱり、面倒くさいかも……」

こんなときに大切にしてほしいのが、ファーストインプレッションです。

「でも」「だって」「やっぱり」などの、エゴの声に惑わされるのではなく、「本当の自分」

の声に耳を傾けるようにしてみましょう。

エゴの声ばかり聞いていると、本質からはどんどんズレていってしまいます。

私は昔から「やってみたい！」「楽しそう！」といった感覚には敏感で、周りの人たちからは、このように注意されることも多かったのです。

「もう少し考えてから行動したら？」

たしかに、それも一理あり、です。でも結局は、行動してみないと分からないことばかりで、今目の前にあるチャンスは、そのときにつかまなければ、どこかへ行ってしまうのです。だから、まずは飛び込んでみる。ワクワクに導かれ、行動しながら考えていくというのが、今の時代にも合っているように感じます。

自分の人生を楽しむヒント４

## ファーストインプレッションを大切にして、ワクワクに従う

# 成長や変化を楽しむ

「変化が怖い」

「変わりたいけど、変わりたくない」

大きく変化してしまうくらいなら、今のまま不満や不安を我慢したほうがマシだと思うのは、エゴの習性です。

私の知り合いにも、「いい会社があったら転職したい」「いい人がいたら結婚したい」と言い続けて、10年以上、同じ場所から動かない人がいます。

一方で、宇宙のエネルギーは拡大し成長し続けていて、進化・発展させていく流れがあります。「個」としての自分を超えて、宇宙のエネルギーに調和していくことで、大きな流れの中に身を委ねていけるようになっていくのです。

私自身、結婚、離婚、再婚を経験しています。初めて入社した会社はわずか8カ月で倒産。入院は、2回。流産は、3回。転職も、3回。引っ越しは、7回。そして、3度の出産も経験し、諦めていたママになれました。3人の子育てをしながら起業もしました。夢だった出版もこうして叶いました。

すべてを意図していたわけではもちろんありませんが、さまざまな経験をしたからこそ、分かることがあります。

それは、私たちは体験をするために生まれてきたのだということ。さまざまな体験を通じて、愛を学び、愛を体現すること。こうして肉体を持ち、自分自身を通じて、この世界を目撃すること。チャレンジし、変化・変容し、心の成熟とともに「本当の自分」を思い出していくこと。そのために、今、ここにいるのだと私は感じています。

肩の力を抜いて、みんながもっと気軽にチャレンジできるといいな、と思っています。

あなたが怖れるような失敗も、成功すらも、すべてが幻想です。だから、どうか安心して失敗してみてください。そこにあるのは体験や、学びや、成長です。

自分の人生を楽しむヒント5

## 飛び込んだその先に面白い未来が待っている

# 受け入れ力を高める

人生を楽しんでいる人の共通点に、受け入れ力の高さが挙げられます。受容性、許容力、寛容さ。そんなふうにも言い換えられるかもしれません。

●大切な人との突然の別れ
●信頼していた人からの裏切り
●突然の病気の発覚
●震災や災害で大切な人やものを失う
●ある日突然仕事がなくなる

私たちの人生には、ある日突然思いがけないことが起こることがあります。今までのすべての努力や自分自身が否定されたように感じたり、虚無感や無力感に襲われるかもしれません。

怒っているのか、悲しいのか、辛いのか、そのすべてなのか。「もうすべて投げ出してしまいたい……」。大小の差こそあれ、誰にでもそんな経験の一つや二つ、ありますよね。何かが起きたときの受け入れ力の高さこそ、その人の器の大きさなのかもしれないし、懐の深さといえるのかもしれませんね。

多くの人は、この受け入れるまでの期間を「不幸」と呼んでいるのではないかと感じます。たとえば、現実に別れが起きてしまった場合、その出来事は事実であり、とても悲しいし、辛いことかもしれないけれど、決して「不幸」ではないからです。

人間としてこの地球に生きている以上は、生まれた時から死に向かって生きています。形あるものは壊れ。出逢いがあれば、別れもある。喜びが深ければ、悲しみもまた深いのは、至極当たり前のことですよね。

受け入れるためには、ネガティブな感情を感じていくことが不可欠です。自分と向き合う勇気がいるのです。

「ダメな自分」をダメだと捉え、「弱い自分」をダメだと認識したままでは、自分と向き合うことをより難しくしてしまう。だから、いつまで経っても現実を直視することができないのかもしれません。

●ダメだと思い込んでいる自分を受け入れて、ただ許していく
●自分の弱さから逃げずに、ありのままの自分を認めていく

本当に強い人は、弱さを克服している人ではなく、自分の弱さを認めて受け入れている人。かっこいい大人とは「誰しも自分と同じように弱くて脆《もろ》いところがある」と知り、人に寄り添える人。今の私は、そんなふうに感じています。

自分に対する否定や批判が減れば、おのずと人と争うことも減っていきます。自分の至らなさを受け入れることができれば、人を許すことなど容易になっていくのです。そして、ネガティブな感情は感じきっていくと消えてしまう。あとに残されているのは、愛と平安、調和と善意です。

自分の人生を楽しむヒント6

## ネガティブな感情とも逃げずに向き合ってみる

# 視点を上げる・視野を広げる・視座を高める

成熟していくとは、自分の視点を上げて、物事を別の角度から見つめていけるようになること。今まで1階からしか見えてなかった世界から、2階、3階へと上がり、自分の現実を俯瞰できるようになっていくと、今までとは別の選択ができるようになっていきます。

八方ふさがりだと思っていた現実に、抜け道が見えてくる。壁ばかりだと思っていたら、扉だと気づくかもしれない。リアルに見えている壁こそ、幻想なのかもしれない。目の前で起きている出来事や状況が、誰かや何かが、あなたを幸せにしてくれるわけじゃない。そして、解釈は無限にあり、世界を「どう見るか」は、いつだってあなた次第なのです。

「この問題の向こう側には、最高の未来が待っている」
「この道が、最高の自分へと連れて行ってくれる」

目の前の出来事をどう捉えていくか。事実は一つ。でも、視点が変わることで、気持ちも変わり、認識が変わり、現実に変化が起こるのです。

私は自分の人生を映画のように捉えて、いつも三つの視点で世界を観るようにしています。一つ目はキャラクターとしての自分。二つ目は、観客としての自分。そして三つ目は、監督としての自分。

キャラクターとして演技に没頭して感情を味わい尽くしてみたり。観客として、俯瞰《ふかん》して全体を捉えては、相手の気持ちを想像したり、人との距離感をつかんでみたり。監督として、映画をどう組み立てていくか、どのように演出するか、伏線回収の美しさや、ユーモアにこだわってみたり。そんなふうにして、自分らしく自由に、人生をデザインすることを楽しんでいます。

自分の人生を楽しむヒント7

## 視点が変わると、問題だと思っていたことが問題じゃなくなる

# あなたは被害者でもなければ加害者でもない

「私が幸せになれないのは、お母さんが私をちゃんと愛してくれなかったから……」

「彼が私を裏切ったから、こんなことになったんだ……」

「私たちの関係がこんなことになったのは、あの事故のせいだ……」

人生に起こる出来事を、誰かや何かのせいにしてしまう。被害者意識の罠《わな》にはまってしまっているときには、相手や環境や状況が変わらない限り、前にも後ろにも進めないように感じてしまうものです。


被害者の立場でいることとは、相手（加害者）を攻撃することを正当化している状態です。でも、相手を攻撃すればするほど、事態は悪くなる一方ですよね。それに、相手を攻撃し恨み続けるためには、自分がずっと辛く不幸な状態で居続けなければなりません。

心理学の講座でも扱う、素晴らしい概念のひとつに「アカウンタビリティ」というものがあります。

アカウンタビリティとは、人生で体験するすべてのことは、自分が選択した結果であり、他の誰かの責任ではないという考え方です。

自己責任論とは少し違います。今、目の前で起きていることが、どんな状況や結果であろうと、自分自身が選択した結果であり、これがベストなことなのだと受け入れていくことです。


「潜在意識はすべてを知っている」


たとえば、パートナーとの別れが起きた場合。いつ、どこで、どちらが別れを切り出すか、どちらが振られるかは、意識の深いところでは双方が了解されたこととして捉えていくことができるのです。そもそも、潜在意識には、良い・悪いの概念などありません。

別れのみならず、病気や事故、あらゆる出来事に対して、私たちが「無意識に」それを選択した（望んだ）結果だと見ていくことができるのです。誰かや何かが自分自身を傷つけることはできず、自分で自分を傷つけているのです。自分で自分を責め続け、自分で自分を被害者や加害者にしているのです。

病気になったことも、失業したことも、彼と別れたことも、今、一人でいることも、浮気されたことも、不倫をやめられないのも、彼が暴力をふるうことも、すべて「無意識に」自分が選択したのだと捉えていくこと。

ともすれば非常に過酷な考え方のように思えるかもしれませんが、この概念をしっかり理解することができれば、人生の被害者に陥ることがなくなり、もしも、今、目の前の現実が気に入らないのであれば、選択をし直すことができるようになっていくのです。

「私が悪くないのと同時に、相手も悪くない」
「誰も間違っていないし、あなたも間違っていない」

ただ、「無意識に」この現実を望み、自分が選択したということを理解していくこと。
そうすることで、自分の人生を取り戻していくことができるのです。

自分の人生を楽しむヒント8

## あなたはどんな未来も選ぶことができる

# 大切な人を大切にする、大切な人を増やしていく

「あなたの大切な人は誰ですか？」

「あなたが大切にしたいことは何ですか？」

「あなたの大切なものは？」


人生において大切なことは、自分にとって大切な人（こと）を大切にするということ。

そのために大切なことは、自分にとって大切なことを明確に理解しているということです。

それが分かっていないと、つい仕事に没頭したり、お付き合いに時間を奪われたり、重要度の低いことに時間を使ってしまうことになります。

私が大切にしていることは、このようなことです。

- 家族の思い出を作ること、家族との時間を優先すること
- 子どもたちと日常を味わうこと、成長を見守ること
- 夫とのデートや、二人だけの時間を作り楽しむこと

- 両親や妹と麻雀《マージャン》をすること
- 友達とお茶や食事をしながら、気づきを分かち合うこと
- 大切な人の誕生日や記念日をお祝いすること
- 仲間たちと一緒に真理について学ぶこと、変化や成長を喜び合うこと
- 人と人をつなぐこと、ご縁を結ぶこと
- 一人の時間を確保すること、一人の時間を味わうこと
- 人の目を気にせずに、やりたいことをやること
- 新しいチャレンジを楽しむこと

　私は大切な人と一緒に過ごす時間をとくに大切にしていて、大切な人と絆を深めていくことや、楽しい思い出が増えていくことに深い喜びを感じています。
　一緒に過ごす時間はなるべく他のことをせず、「今ここ」に集中することを心がけています。

自分の人生を楽しむヒント9

## 大切な人との思い出を増やして、絆を深めていく

# 「死」から「生」を見つめる

突然ですが、私の夫は葬儀屋さんです。18歳のときにアルバイトで始めたその仕事に感動し、大学を中退して、そのまま就職。30歳の頃に勤めていた会社で、生活保護者の葬儀を切り捨てるような会社の方針に納得ができず独立を決意し、1997年に株式会社ティアを設立しました。

葬儀価格を完全開示し、業界の革命児と呼ばれ、2006年には中部圏初の葬祭上場企業となりました。2024年10月現在、直営・フランチャイズ・葬儀サロンを合わせ211店舗、葬儀施行数は年間約3万件に及んでいます。「日本で一番ありがとうと言われる葬儀社」を目指してスタートした会社は、本当に日本一になってしまったのです。

夫は、誰より明るい葬儀屋さん。太陽のような笑顔でみんなを照らし、いつだって前向きで、元気で、とにかくパワフル。裏表はなく、家にいるときは、子どもたちよりも無邪気に私たち家族を楽しませようとするサービス精神も旺盛《おうせい》です。

関わった人たちをいつも全力で応援する、温かくて優しくて熱い人。私はそんな夫の最も近くにいる一番のファンなのですが、彼の最たる素晴らしいところは、感謝が深いところだと感じています。

日本一の「おくりびと」。45年間、たくさんの方々を見送り、「大切な人との別れ」というご遺族様の深い悲しみに寄り添い、真摯《しんし》に向き合ってきました。

だからこそ、今日「命があること」「生きていられること」「健康であること」が当たり前じゃないことを、誰よりも身にしみて、思い知っています。

小・中・高校の生徒を対象に「命の授業」と題した講演活動も積極的に行っていますが、その中で毎回「感謝」について、こんなふうに話しています。

「朝、『行ってきます』と出かけていった家族が、必ず生きて帰ってくるものと思っているけれど、葬儀の仕事をしていると、事故や事件、災害などにあって、生きては帰ってこない方のお世話をすることも珍しいことではありません。

明日という日が、当たり前に来るとは限らない。明日という日が、来ることはキセキなのです。

『ありがとう』の反対語は『当たり前』
当たり前と思っていると、その瞬間、その時間、その日、という二度と来ない大切なことに対して、感謝の言葉や心は生まれないのです」

たくさんの「死」を見送り、大切な人を亡くされたばかりのご遺族と真摯に向き合ってきたからこその言葉です。
「出し惜しみする」「余力を残す」――そんな彼の姿を私は見たことはなく、毎瞬を全身全霊で生き切っています。
与えられているこの命を、今日も世のため人のために使えることに、心からの感謝であふれているのです。

「死」から「生」を見つめてみる。そうすると、今抱えているほとんどの問題が、「取るに足らない」ことのような、そんな気がしてくるのです。

自分の人生を楽しむヒント10

## 今日も生かされていることに感謝する

# 最大限に自分自身を生きると、最高のパートナーに愛される

自分自身を最大限に楽しんでいる人は、キラキラと輝きを放っています。放たれるオーラがクリアで強くなり、波動も高まります。波動が高まると、その自分にふさわしい現実が創造されていくのです。

大切なことは、「自分で自分を幸せにする」「最高の人生を生きる」という覚悟と、そのための行動です。肚《はら》をくくり、言行を一致させていくのです。

パートナーがいてもいなくても、結婚していてもいなくても、あなたが思うような素晴らしい仕事をしていてもそうでなくても、お金があってもなくても、出来事や誰かや何かが、あなたを幸せにしてくれるわけじゃない。すでにあなたは完璧な存在であり、あなた次第でどんな人生も創造することができるのです。

「この人は、私にとって運命の人なのでしょうか？」

そんな質問もよくされますが、あなたが心から好きだと思える人が運命の人です。理由

なんてなくていいのです。

条件を掲げるのは出逢うそのときまでで、出逢ってからは、頭で難しく考えずに、どうか心の声に素直に従ってみてください。一緒にいて楽しいかどうか。相手の幸せを心から願えるかどうか。大切なのは、そんなことくらいです。


現実は心の投影です。世界は心を映し出す鏡なのです。

自分自身を愛することができるようになると、必ずあなたにぴったりな最高のパートナーがあらわれます。これは、私だけじゃなくて、今まで関わってくれたたくさんの人たちが証明してくれています。

この人には、この人。あの人には、あの人。どのパートナーシップも見事なまでに完璧です。お似合いじゃないペアなど存在せず、すべてが唯一無二の関係性であり、どこからどう見ても運命の相手なのです。


時が経ち、お互いの成長スピードの違いにより、波長が合わなくなれば、パートナーシップからの卒業もあるでしょう。それもまた至極当たり前のこと。永遠の愛を誓えるのは、相手との関係ではなく、自分自身との関係のみだからです。

「お金があったら、幸せになれる」
「パートナーができたら、幸せになれる」
「結婚したら、幸せになれる」
「夢が叶ったら、幸せになれる」

これらは、すべて幻想です。

「あなたが幸せだから、最高のパートナーがあらわれる」
「あなたが豊かだから、豊かさが引き寄せられる」
「自分を愛した分だけ、パートナーからも愛される」

今のあなたの状態が、未来を引き寄せます。自分自身を最高に楽しみ、最高の波動を放つ。自分を整えると、最高のパートナーがやってきます。

自分の人生を楽しむヒント11

**幻想を手放して、今すぐ自分を幸せで満たそう**

# おわりに

本書の執筆にあたり、たくさんの方にお力添えをいただきました。

まずは、企画から出版まで丁寧に導いてくださったネクストサービスの松尾昭仁さんと大沢治子さん、温かい励ましと様々なアドバイスをくださった青春出版社編集者の野島純子さんに、心からの感謝を申し上げます。また、本書に登場していただきました恩師の方々、メンターでもあり親友でもある日比りかさん。喜びも悲しみも分かち合ってくれる友人たち。本書内での素晴らしい事例と、いつも奇跡を見せてくれるクライアントさんたちにも、心からの感謝を申し上げます。

そして、いつも私のことを信頼し、全力で応援してくれる夫の冨安徳久さん。自分よりも大切な存在がいるのだと教えてくれた子どもたち。どんなときも惜しみない愛とサポートを与えてくれる両親。いくつになっても可愛い妹と、ついでにお兄ちゃんも。みんなが家族でいてくれるから、私の人生は豊かに彩られ、最高に楽しいものになっています。

最後に、この本を通じて出逢ってくれた「あなた」に、感謝いたします。あなたの人生を心から応援しています。いつの日かお逢いできることを楽しみにしています。

２０２４年11月　和泉 ひとみ

## 著者紹介

**和泉ひとみ** 心理セラピスト・恋愛カウンセラー。ご縁の神様に愛される結婚相談所I AND I代表。
2011年にスタートした心理学講座は口コミだけで全クラスが満席となり、「新しい自分を発見して自信を持てた」等、主に生きづらさを抱えた女性たちに圧倒的な支持を得る。1,000人以上の相談実績があり、心理学や運のマネジメント法を取り入れたカウンセリングはリピート率80%を誇る。2018年、名古屋で「幸せな家庭を増やすことで、優しい世界をつくる」を理念として掲げた結婚相談所I AND Iを設立。大手で3年婚活してもうまくいかなかった人が、たった半年で結婚するなど「ミラクルを起こす結婚相談所」として好評を博している。

ホームページ
https://iandi358.com/

最高《さいこう》のパートナーに愛《あい》される"準備《じゅんび》"

2024年12月15日 第1刷
2025年1月30日 第2刷

著 者 和泉《いずみ》ひとみ

発行者 小澤源太郎

責任編集 株式会社 プライム涌光
電話 編集部 03(3203)2850

発行所 株式会社 青春出版社

東京都新宿区若松町12番1号 〒162-0056
振替番号 00190-7-98602
電話 営業部 03(3207)1916

印刷 中央精版印刷　製本 ナショナル製本

万一、落丁、乱丁がありました節は、お取りかえします。

ISBN978-4-413-23384-2 C0095

© Hitomi Izumi 2024 Printed in Japan

本書の内容の一部あるいは全部を無断で複写(コピー)することは著作権法上認められている場合を除き、禁じられています。

中学受験は親が9割【令和最新版】
西村則康

仕事がうまくいく人は「人と会う前」に何を考えているのか
結果につながる心理スキル
濱田恭子

真面目なままで少しだけゆるく生きてみることにした
Ryota

お母さんには言えない子どもの「本当は欲しい」がわかる本
山下エミリ

図説 ここが知りたかった!
山の神々と修験道
鎌田東二［監修］

## 青春出版社の四六判シリーズ

実家の片づけ 親とモメない「話し方」
渡部亜矢

〈中学受験〉親子で勝ちとる最高の合格
中曽根陽子

トヨタで学んだハイブリッド仕事術
ムダの徹底排除《スマートインプット》×成果の最大化《ベストアウトプット》を同時に実現する33のテクニック
森 琢也

売れる「値上げ」
選ばれる商品は値上げと同時に何をしているのか
深井賢一

PANS《パンス》/PANDAS《パンダス》の正体
こだわりが強すぎる子どもたち
本間良子 本間龍介

お願い ページわりの関係からここでは一部の既刊本しか掲載してありません。折り込みの出版案内もご参考にご覧ください。